ZWILLINGE
das Magazin

Das Mitmach-Magazin für Zwillings- & Drillingseltern

Band 36
Januar/Februar 2019

© Marion von Gratkowski
Postfach 40 11 11
D-86890 Landsberg
Tel. 0049-(0)8344-809 95 39
info@twins.de
www.twins.de
Redaktion: Marion von Gratkowski
Titelfoto: Familie Kerner.
Fotos & Texte: Privat
Herstellung & Verlag: BoD - Books on
Demand, Norderstedt
1. Auflage Januar 2019
ISBN 978-3-7481-7183-6

ZWILLINGE - DAS MAGAZIN Ausgabe Jan./Feb. 2019 Nr. 36: 7,99 €, auch als E-Book für 5,99 €.
978-3-7481-7183-6

Bestellbar auf www.twins.de oder im Buchhandel - online & Laden.

Liebe Leserin, lieber Leser,
liebe Zwillingseltern, liebe Drillingseltern,

hoffentlich hatten Sie schöne Weihnachtstage mit Ihren Lieben und einen guten Rutsch? Auch wir hatten die Bude voll ... diesmal mit Maximilian, Constantin und Nicolai, aber auch mit unserem Familienzuwachs: Stephanie (Max' Frau), Josephinchen und Hilda, Steffis Mutter, die selbst eine Zwillingsschwester hat.

Die Zeit mit Josephine hat mir sehr gut gefallen. Das Baby schreit kaum, es ist im Gegensatz zu ihrem Papa damals (Max) immer sehr zufrieden und absolut pflegeleicht. Endlich habe auch ich meine anfängliche Scheu vor dem zarten Wesen verloren ... bin halt etwas außer Übung.

Nun sind alle wieder weg und der normale Alltag hat uns wieder ...

Will denn keiner sinnvoll mit Zwillingen spielen?

Ende November haben wir eines unserer Bücher an unsere Leser und Leserinnen verschenkt. Im Newsletter angepriesen, hatte diese Aktion großen Zulauf. Wenn das Buch doch nur auch so gekauft worden wäre, wie es jetzt gratis wegging ... es handelt sich um „Zwillinge - fit für die Schule" - ein Buch mit Beschäftigungsideen für Zwillinge von 3 bis 6 Jahren. Damit das sehr sinnvolle Buch doch noch einige Freunde findet, haben wir es jetzt preislich

Constantin (von links), Nicolai, Maximilian und Marion von Gratkowski

runtergesetzt - von 22,90 auf 12,90 Euro.

Und natürlich fängt das neue Jahr mit Portoerhöhungen an ...

Leider können wir nicht ganz umsonst arbeiten ... auch das Porto (inzwischen wieder teurer geworden), muss ja berappt werden. Deshalb sind auch unsere Jahresabos etwas teurer geworden (nur um das teurere Porto).

Diesmal lesen Sie im neuen Heft etwas über Extremfrühchen (ab Seite 8), Drillingseltern überlegen, wo ihre Drillinge am besten schlafen (Seite 22), Zwillingseltern schildern ihren Alltag mit drei Kindern unter 3 (Seite 30), es gibt Tipps zum Thema Werken mit Holz (Seite 36), Brotbacken (Seite 40) und Kindergeburtstage (Seite 48), außerdem stellen wir Euch die sagenhafte Karriere der Zwillinge Marcus und Martinus vor (Seite 44).

Viel Spaß beim Lesen - Ihre/Eure Marion von Gratkowski

Zu folgenden Bereichen/Themen suchen wir noch Beiträge:

- Schwangerschaft & Geburt
- Kaiserschnitt
- Stillen
- Fläschchen füttern
- Schlaflose Nächte
- Umstellung auf feste Kost (Brei)
- Ostern mit Zwillingen
- Erziehungsthemen aller Art

- Streit, Konkurrenz, enge Verbindung von Zwillingen
- Kindergartenstart
- Schule - Trennung oder nicht?
- Urlaubsideen für das kommende Frühjahr und den Sommer
- Rezepte für das Backen & Kochen mit Zwillingen

Wie Sie Ihre Beiträge schicken können, steht auf Seite 14.

Was finde ich jetzt wo, wenn es hier nicht mehr steht?

- Termine & Veranstaltungen finden Sie ab sofort auf unserer Internetseite www.twins.de
- Eine Übersicht über unser komplettes Buchprogramm finden Sie ebenfalls auf unserer Homepage unter www.twins.de
- Auch all die Hefte der bisherigen Zeitschrift, die man sich noch bestellen kann, sind unter www.twins.de zu finden.
- Neuerungen werden auch auf Facebook auf unserer Seite „zeitschrift zwillinge" oder im Blog www.zwillingemachenkriegenhaben.de bekannt gegeben.

Es lohnt sich also immer, auch einmal einen Blick auf unsere Homepage zu werfen oder einfach den newsletter auf www.twins.de zu abonnieren, da wir Sie dann immer einmal wieder mit unseren Neuerungen bekannt machen.

BEZUGSBEDINGUNGEN

- ZWILLINGE - DAS MAGAZIN löst unsere bisherige Zeitschrift ZWILLINGE ab.
- Erscheinungsweise: zweimonatlich.
- Erscheinungstermine sind: 28. Januar 2019, 25. März 2019, 27. Mai 2019 und 29. Juli 2019 (unter Vorbehalt) usw.
- Das Magazin kann einzeln oder im Abonnement bezogen werden.
- Einzelhefte kosten 7,99 Euro plus Porto 1,- Euro.
- **NEU:** Abonnements kosten 55,- € befristet auf 1 Jahr; 53,- € fortlaufend bis zur Kündigung eines Tages. Preise höher wegen Portoerhöhung.
- Abonnements gelten fortlaufend und mindestens 1 Jahr = 6 Hefte.
- Die Kündigung muss schriftlich erfolgen per E-mail an info@twins. de oder per Brief (KEIN Einschreiben!!!) an unsere Adresse:

- ZWILLINGE, Postfach 40 11 11, D-86890 Landsberg am Lech.
- Unser Fax: 0049-(0)8344-809 95 40.
- Einzelhefte und Abonnements müssen vorausbezahlt werden.
- Unsere Bankverbindung: Hypovereinsbank Landsberg, Lutz von Gratkowski, IBAN: DE77 7202 0070 6110 3155 60, SWIFT-BIC: HYVEDEMM408
- Zahlung per Paypal geht in Verbindung mit unserer E-mail-Adresse. info@twins.de ABER: **Bitte Gebühren zu Ihren Lasten!**
- Alle Rechte für den Inhalt liegen bei Marion von Gratkowski, Verlag von Gratkowski, Postfach 40 11 11, D-86890 Landsberg.
- Unsere Internetpräsenz: www.twins. de, E-mail: info@twins.de
- Etwas unklar? Rufen Sie mich bitte an: Tel. 08344-809 95 39.

Briefe an die Redaktion

Eigentlich wollten wir die Rubrik „Leserbriefe" weglassen. Aber es wäre doch schade, wenn unsere Leserinnen und Leser keinen Beitrag mehr kommentieren dürften. Also - einigen wir uns darauf, nur zwei Seiten (statt bisher vier) zu veröffentlichen.

Wer sich darauf gefreut hat, dass die Zwillinge „so schön miteinander spielen können", wird oft bitter enttäuscht, wenn die Zwillinge dann nicht miteinander spielen, sondern eher gegeneinander und streiten. Helga P. hat die Erfahrung gemacht, dass es hilft, wenn sie sich dazu setzt und die beiden zum Spielen motiviert. Sie reagiert auf einen Beitrag in ZWILLINGE Nr. 35.

Heute nehme ich mir mal die Zeit für einen Leserbrief zum Thema „Können Zwillinge nicht spielen?" Ich kann folgendes bestätigen: auch unsere beiden Jungen (zwei Jahre alt) können zwar wunderbar miteinander toben, aber ruhig miteinander spielen klappt nur für sehr kurze Zeit. Sie spielen eher gegeneinander als miteinander. Gemeinsam ein Bilderbuch anschauen oder gar einen Turm aus Holzbausteinen bauen, schaffen sie jedoch nicht. Es ist zwar nicht so extrem, dass es keine fünf Minuten Ruhe gibt, aber bei konzentriertem Spielen stören sie sich gegenseitig, oft auch unabsichtlich.

Hier versuche ich, die beiden zu trennen - etwa so: ein Kind darf mir beim Kochen zusehen, wird also (sicherheitshalber) in den Hochstuhl gesetzt und neben meiner Arbeitsplatte „geparkt" (nicht zu nah am Herd!), dann hat der andere Zeit und Ruhe, sich in seiner Spielecke zu beschäftigen.

Beim Puzzle-Zusammensetzen habe ich die Erfahrung gemacht, dass sich die Kinder weniger gegenseitig stören, wenn ich mich daneben hinsetze und bei jedem mal ein bisschen nachhelfe. Bauen sie allein etwas zusammen, verlieren sie schnell die Lust daran und werfen dann auch nur noch die Einzelteile in der Gegend herum.

Unsere Jungs sind auch noch nach zwei Jahren sehr anstrengend. Natürlich wiegt die Freude an ihnen alles auf und es kann ja nur besser werden.

Geschenke für Zwillinge sind immer ein bisschen knifflig. Sollen die Geschenke gleich sein? Oder soll man Spielzeug schenken, das zusammen passt - mit dem die Kinder also gleichzeitig spielen können? Zwillingsmutter Svenja hat dazu auf unserem Blog www.zwillingemachen kriegenhaben.de geantwortet.

Also ...ich würde einen Kaufmannsladen für beide nehmen.

Gerade das steigert ja auch die Kommunikation zwischen den Zwillingen. Ich befürchte allerdings, anfangs wird man als Mutter wohl der Moderator sein müssen und die beiden zum gemeinsamen Spielen anleiten müssen.

Was man allerdings machen kann: Man könnte dazu passend zwei Einkaufskörbe organisieren. Im Zweifel kann dann die Mutter der Verkäufer sein und die Zwillinge können dann bei der Mutter einkaufen kommen. Dann machen sie beide dasselbe und keiner kann sich beschweren, dass er oder sie benachteiligt wäre ...

Das sagt die Redaktion dazu: Zu diesem Thema hatten wir in ZWILLINGE - DAS MAGAZIN Nr. 35 einen Beitrag veröffentlicht. Wir hatten drei Zwillingsmütter, die beruflich mit Zwillingen zu tun haben, gefragt, wie sie es zu Weihnachten halten mit den Geschenken.

Leonie & Leon - unsere sportlichen Titelhelden

Leonie und Leon, die beiden Zwillinge aus Ingolstadt, sind sehr sportlich ... links posieren sie mit „Schanzi", dem Fußballmaskottchen der Ingolstädter Fußballer und Schlittschuhlaufen können sie auch - wie man auf unserem Titelbild sieht. Ob sie bald mit Eishockey anfangen? Das wird nämlich auch gut und gern in Ingolstadt gespielt.

Die Geschichte unserer Frühchen

Sieben Jahre später sollte die Geschichte von Clara und Dora endlich geschrieben werden. Ihre Mutter Andrea war durch vorangegangene Fehlgeburten stark verunsichert, als sie plötzlich mit Zwillingen schwanger war. Durch gute Kontrolle und kompetente Ärzte ist trotz FFTS alles gut gegangen. Heute sind Clara und Dora interessierte Schulmädchen.

Auf den Verdacht einer Schwangerschaft hin bin ich zu meiner Frauenärztin in unserer nahen Kleinstadt gegangen. Sie stellte sofort fest, dass ich n der 6. Woche schwanger war - mit Zwillingen. Ich wurde also gleich als Risikoschwangere eingestuft, denn davor hatte ich schon zwei Fehlgeburten gehabt. Die letzte Fehlgeburt lag erst zwei Monate zurück. Eigentlich durfte ich noch nicht wieder schwanger werden.

Die ersten 12 Wochen gab es keine Probleme.

Meine Frauenärztin hat gleich gesehen, dass es zwei Fruchtblasen sind. Meine Freude war eher geteilt, denn durch die vorangegangenen Fehlgeburten hatte ich sehr viel Angst, dass es auch diesmal schief gehen könnte.

Doch mit ging es bis zur 12. Schwangerschaftswoche sehr gut. Wie auch bei meinen älteren Söhnen (zu diesem Zeitpunkt acht und fünf Jahre alt) hatte ich keine Übelkeit und auch keinerlei sonstige Beschwerden.

Dann plötzlich: eines Abends bekam ich Blutungen. Ich hatte gleich die Panik, dass jetzt wieder alles gleich schief geht. Also ab sofort ins Krankenhaus der nächsten grösseren Stadt und absolute Bettruhe. Nach ein paar Tagen ließen die Blutungen nach

und ich durfte wieder langsam aufstehen. Im Krankenhaus wurden sehr viele Untersuchungen gemacht. Unter anderem eine Doppler-Sonographie. Nach dieser Untersuchung wollten die beiden Ärzte mit uns sprechen.

Mein Herz sank wieder ganz tief. Ich hatte bereits die größten Befürchtungen. Die Diagnose stand fest: Wir hatten es mit dem Fetofetalen Transfusionssyndrom (FFTS) zu tun. Das bedeutete, es gab eine Verbindung zwischen den Kreisläufen der Kinder. Eines der Baby wurde so überversorgt, das andere unterversorgt. Einem floss zu viel Blut zu, dem anderen wurde es entzogen - etwas laienhaft ausgedrückt. Zu dieser Zeit bestand jedoch (noch) keine Gefahr. Ich sollte alle vier Wochen zur Kontrolle kommen.

Die Kontrolle sollte alle vier Wochen erfolgen.

Bei dieser Untersuchung wurde auch festgestellt, dass bei einem Kind ein Nakkenödem entstanden war. Dies kommt bei Zwillingen anscheinend öfter vor, es muss nichts Schlimmes zu bedeuten haben. Es wurde also vereinbart, dass ich in der 16. Schwangerschaftswoche wieder kommen sollte. Dann wollten sie eine Fruchtwasserpunktion vornehmen.

Die Punktion wurde ohne Betäubung

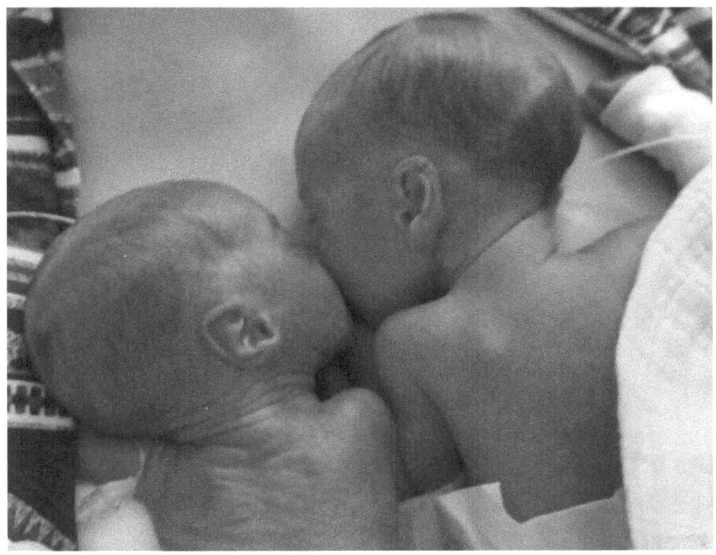

Ein paar Tage nach der Geburt dürfen die Zwillinge wieder zusammen sein. Hier links die kleinere Clara und rechts Dora, die mehr Anpassungsprobleme hatte als ihre kleinere Schwester.

durch die Bauchdecke gemacht. Sie war für mich nicht schmerzhaft. Vorher wurde die genaue Lage der Kinder festgestellt. Den Kindern ging es soweit gut. Sie sind auch gut gewachsen und haben sich altersgerecht entwickelt. Leider war die Fruchtblase des einen Kindes sehr klein und das entnommene Fruchtwasser dann auch leicht blutig. Das andere Kind hatte eine große Fruchtblase, hier war das Fruchtwasser ganz klar. Jetzt hieß es abwarten und dann würden wir weiter sehen.

Einen Tag nach der Punktion - ich war zu Hause und sollte mich ausruhen, denn es könnte jederzeit zu einem Blasensprung kommen - schlug das Schicksal hart zu. Mein Schwager ist ganz plötzlich gestorben. Ich konnte leider nicht helfen und

Wie funktioniert die Dopplersonografie und wann wird sie in der Schwangerschaft eingesetzt? (Quelle: www.netdoktor.de)

Die Doppleruntersuchung zeigt im Gegensatz zum gewöhnlichen Ultraschall neben den Organstrukturen auch die Blutströmung innerhalb der Gefäße an: Strömende Flüssigkeiten werfen die Schallwellen nämlich so zurück, dass sich die Frequenz der Ultraschallwellen ändert. Vergleichbar ist das etwa mit der sich scheinbar verändernden Tonhöhe (Frequenz) des Martinshorns eines schnell vorbeifahrenden Krankenwagens (Dopplereffekt). Auch in der Schwangerschaft hat der Dopplerultraschall einen hohen Stellenwert, zum Beispiel bei:

- schwangerschaftsbedingtem Bluthochdruck und daraus folgenden Krankheitsbildern (Präeklampsie, Eklamsie, HELLP-Syndrom)
- Untersuchung der Herzfunktion des Fötus
- Verdacht auf kindliche Herzfehler
- Verdacht auf Wachstumsstörung oder Fehlbildungen des Kindes
- Fehlgeburt in der Vorgeschichte
- Zwillingen, Drillingen und andere Mehrlingsschwangerschaften

auch nicht zur Beerdigung gehen. Ich konnte nur zu Hause liegen und abwarten. Jedesmal, wenn ich versuchte, zu sitzen oder zu stehen, ging es mir so schlecht, dass ich mich sofort wieder hinlegen musste. Endlich kam der erlösende Anruf von meiner Frauenärztin: beide Kinder waren gesund und es waren zwei Mädchen. Die Schwangerschaft konnte also weitergehen. Am 13. Januar sollte ich wieder zur Kontrolle ins Krankenhaus kommen. Diesmal durfte ich danach nicht wieder nach Hause gehen. Dem Kind in der kleineren Fruchtblase schien es nicht mehr so gut zu gehen. Es wurde schlecht versorgt. Jetzt sollte viermal täglich ein CTG geschrieben werden. Auf dem CTG-Gerät wurde allerdings keinerlei Wehentätigkeit festgestellt. Zweimal pro Woche hatte ich Ultraschall und auch eine Doppel-Sonographie zur Kontrolle. Dabei rechneten die Ärzte für das kleinere Kind ein Gewicht von etwa 600 Gramm aus, das andere Kind sollte angeblich en Gewicht von 1.300 Gramm haben. Beim kleineren Kind wurde zudem ein sogenannter „Nullfluss" festgestellt. Das bedeutet, dass dieses Kind keine Nährstoffe bekommt. So war die Gefahr sehr groß, dass erst das kleinere Kind und dann auch das größere sterben könnte. Ich war bereits in der 29. Schwangerschaftswoche. Ein Kaiserschnitt wurde geplant. Zwei Tage vor dem Kaiserschnitt besuchte ich die Neugeborenenintensivstation. Dort zeigte mir die diensthabende Kinderärztin ein kleines Frühchen von 500 Gramm.

Sobald sie Namen haben, soll es losgehen ...

Nun sollten beide Mädchen einen Namen erhalten. Diese Namen sollte ich bereits vorher an die Babys A und B vergeben. Am 26. Januar wurde dann der Kaiserschnitt unter Vollnarkose durchgeführt. Clara hatte bei der Geburt 970 Gramm und Dora wog 1.320 Gramm. Die Kinder wurden sofort auf die Neonatologie gebracht, wo sie auch schon erwartet wurden. Die wesentlich kleinere Clara atmete sofort spontan, Dora brauchte eine Atemhilfe.

Endlich kann ich meine beiden Mädchen sehen.

Am Tag der Geburt wurde ich mit dem Bett auf die Frühchenstation gefahren. Hier durfte ich meine Kinder zum ersten Mal sehen. Ich war sehr glücklich, meine beiden Mädchen endlich zu sehen. Die beiden waren überall an Kabel angeschlossen. Ständig piepte irgendein Gerät - aber meine beiden Kinder lebten.
Nun ging es mir sehr schnell wieder besser. Bald konnte ich allein zur Neo-Station laufen. Anfangs hatte ich noch Kreislaufbeschwerden, aber die waren dann bald vorbei. Ich wollte meine beiden Kinder gerne stillen. Gleich am nächsten Tag wurde meine Milch abgepumpt und zu den Kindern gebracht. Allein trinken konnten die beiden natürlich nicht. Dafür waren sie zu schwach und der Saugreflex auch noch nicht ausgebildet. Also bekamen sie meine Milch mit der Magensonde.
Nach nur drei Tagen brauchte Dora den Tubus zur Atemunterstützung nicht mehr. Am vierten Tag nach der Geburt durfte ich zum ersten Mal mit den Kindern känguruen. Diese eine Stunde mit den Kindern auf meinem Oberkörper habe ich immer sehr genossen.
Meine Zimmernachbarin hatte nicht so viel Glück. Sie hatte ebenfalls Zwillinge (1.000 und 1.300 Gramm leicht, zwei Jungen). Plötzlich starb der kleinere Junge. Was für ein Schock! Natürlich hatte ich jetzt auch Angst, dass noch etwas Unvorhergesehens passieren könnte.
Bei meinen Kindern wurden auch viele Untersuchungen gemacht. Ultraschall

Erholung auf Mallorca - Clara (hier zu sehen) und Dora haben die Anfangsschwierigkeiten hinter sich gelassen. Die ganze Familie braucht eine Pause und nimmt sie sich auf Mallorca.

wegen Hirnhautentzündungen, Ultraschall wegen des Darms. Auch der Augenarzt war da gewesen und hat sich die Augen angesehen. Gott sei Dank alles ohne Befund. Als die Kindern soweit stabil waren, kam auch die Krankengymnastin zu den Kindern. Sie zeigte mir, wie ich die kleinen Würmchen am besten aus dem Bett aufnehmen konnte. Obwohl ich ja bereits Mutter war, hatte ich große Angst, den so kleinen Babys weh zu tun. Die Krankengymnastin hat mich während des gesamten Klinikaufenthaltes begleitet und dadurch konnte ich sehr viel lernen, um mit den Kindern besser umzugehen. Nach der Geburt blieb ich noch sieben Tage im Krankenhaus. Dann bin ich jeden Tag morgens und nachmittags zu den

Frühchen-Geschichten

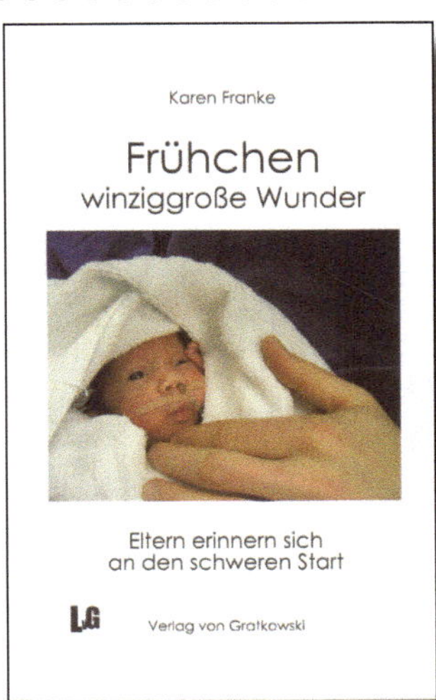

Immer noch aktuell und immer noch so berührend für alle Frühcheneltern ... dieses Buch hat Dr. Karen Franke für uns zusammen gestellt. Die Ärztin, die selbst frühgeborene Zwillinge hat, hat hier nicht nur die Geschichten von Frühgeborenen zusammen getragen, sondern auch noch mit ihrem fachwissen kommentiert. Das Buch gibt es im Buchhandel und bei uns unter www.twins.de. Und auch der Frühchenverein hat es in seinem Programm unter www.fruehgeborene.de

Dr. Karen Franke, „Frühchen winziggroße Wunder - Eltern erinnern sich an einen schweren Start", ISBN 978-3-927058-08-8, 14,90 Euro.

Kindern ins Krankenhaus gefahren. Die abgepumpte Muttermilch habe ich immer mitgebracht. Meine beiden großen Söhne freuten sich, dass ich endlich wieder zu Hause war und wir wieder ein „fast normales" Laben führen konnten.

Nach 14 Tagen durfte Clara aus dem Inkubator in ein Wärmebett gelegt werden. Sie wurde dann auch zum ersten Mal angezogen. Sie war so klein, dass sie erst einmal Puppenkleidung anbekam. Die kleinste Wäsche war zu groß für sie.

Umzug ins Wärmebettchen.

Dora, die fast doppelt so viel wie ihre Schwester gewogen hatte, durfte nach 19 Tagen dann auch ins Wärmebett umziehen. Endlich konnte auch sie ihre Körpertemperatur halten und die Infusionen wurden nicht mehr gebraucht. In dem Wärmebett blieb Dora nur eine Woche, dann konnte sie in ein normales Babybett umziehen. Clara blieb noch im Wärmebett.

Insgesamt durften Clara und Dora vier Wochen auf der Neointensivstation bleiben, dann mussten sie leider in eine normale Kinderklinik umziehen.

Nun durfte auch Clara in ein normales Babybett. Bei den beiden funktionierte die Verdauung sehr schlecht. Clara hatte zudem immer wieder Sauerstoff-Abfälle gehabt. Einige Zeit brauchte sie etwas Sauerstoff zusätzlich. Dora brauchte das nicht. Dafür hatte sie einen sehr großen und weiten Bauch.

Beide bekamen weiterhin Muttermilch. Im Krankenhaus gab es einen Zusatz für die Milch, damit sie die Nährstoffe besser aufnehmen konnten. Ab diesem Zeitpunkt wurden allerdings die Bauchschmerzen bei beiden sehr groß. Dora bekam zusätzlich Koffein. Dann ließen sie den Zusatz (FM 85) weg und den beiden ging es trotzdem nicht besser.

Bei Dora lag der Verdacht aufgrund ihres großen Bauches nahe, dass sie einen verdrehten Darm hätte. Also bekam sie ein Kontrastmittel in die Milch und dann wurde der Bauch geröntgt. Ich durfte dabei sein. Entwarnung. Der Darm lag richtig. Bei Clara wurde im Ultraschall festgestellt, dass sie drei kleine Gallensteine hatte. Diese wurden nicht operativ entfernt. Sie bekam ein Medikament, das die Steine auflösen sollte. Das Medikament sollte circa ein halbes Jahr gegeben werden.

Ostern ging es den Kindern sehr schlecht. Es wurde bei allen Kindern in dem Zimmer der Kinderklinik ein Abstrich gemacht und alle Kindern hatten Rota-Viren, die zu starken Durchfällen führen. Nach ein paar Tagen ging es Clara und Dora allerdings wieder besser. Beide brauchten noch überwachung der Sauerstoff-Sättigung und des Pulses durch ein Pulsoxymeter. Dieses Gerät wurde uns dann auch nach Hause geliefert und es sollte ein Jahr lang benutzt werden.

Leistenbruch-OP und dann ab nach Hause!

Am 13. April kam dann noch bei Clara ein beidseitiger Leistenbruch dazu, der operiert werden musste. Clara wog 2.000 Gramm. Aber sie ist eine kleine Kämpfernatur. Sie überstand die OP gut und drei Tage später durften wir alle nach Hause. Endlich durften auch Clara und Dora die Klinik nach insgesamt zehn Wochen verlassen! Zu Hause kam noch mehrmals pro Woche eine Kinderkrankenschwester zu uns. Beide brauchten sehr viele Medikamente (Eisen, Calcium, Koffein für Dora). Die Krankengymnastin kam auch einmal pro Woche und turnte mit den Kindern. Zu Hause habe ich anfangs beide gleichzeitig gestillt. Nach einem Monat habe ich abwechselnd nur jeweils ein Kind gestillt. Das andere bekam dann

eine Fertignahrung, die gut auf die Kinder abgestimmt war.

Nach sechs Monaten bekamen dann beide nur noch die Flasche, was von Anfang an sehr gut funktioniert hat. Nach acht Monaten wurde dann ganz auf die Fertignahrung (von Beba) umgestellt. Und dann habe ich auch schon angefangen, Möhrenbrei dazu zugeben.

Als die beiden neun Monate alt waren, sind wir zum ersten Mal mit allen Kindern für eine Woche nach Mallorca geflogen. Der Flug verlief sehr gut. Es gab überhaupt keine Probleme. Und auch im Urlaub war alles gut - das war für uns alle eine Erholung gewesen.

Mit 13 Monaten fing Clara an zu robben. Ein paar Tage später konnte Dora ebenfalls robben. Einen Monat später fing Clara an zu krabbeln, dann Dora. Das Sitzen und alleinige Stehen konnten beide mit 15 Monaten. Einen weiteren Monat später kamen die ersten Wörter dazu (Mama, Baba, Moma, Bopa ...) In dieser Zeit sind wir immer regelmäßig im Kinderzentrum zur Kontrolle gewesen.

Tagsüber trocken waren die beiden mit circa drei Jahren. Mit 3,5 Jahren sind beide in eine gemeinsame Gruppe in den Nachmittags-Kindergarten gegangen. Ein Jahr später wechselten sie in die Vormittagsgruppe. Insgesamt haben Clara und Dora drei Jahre lang einen Kindergarten besucht. Nachts trocken waren sie mit fünf Jahren, Mit fünf Jahren konnte Clara auch ohne Stützräder Fahrrad fahren. Dora hat das erst mit sechs Jahren gelernt.

Letzten Monat haben wir ihren siebten Geburtstag gefeiert. Beide sind jetzt in eine gemeinsame Schulklasse eingeschult worden. Beide können rechnen bis 10, alle Buchstaben in Druckschrift schreiben und einige Wörter selbständig lesen. Seit letzten Sommer können sie beide die Zahlen bis 14 auf Spanisch aufzählen. Und sie kennen sogar einige Wörter auf Spanisch. Wer hätte das gedacht ... am Anfang. (Andrea S.)

ZWILLINGE *das Magazin* - Die Mitmach-Zeitschrift für Zwillings- & Drillingseltern

So können Sie sich mit Beiträgen an ZWILLINGE *das Magazin* beteiligen: In fast 30 Jahren haben wir immer wieder festgestellt, dass die wahren Experten für Zwillings- und Drillingsthemen die Eltern sind. Viele Eltern haben darüber hinaus eine Qualifikation, die sie dazu prädestiniert, ihre Alltagserfahrungen mit anderen zu teilen. Sie sind selbst Erzieher, Lehrer oder Ärzte ... Erzieherinnen, Lehrerinnen oder Ärztinnen. Aber auch, wenn Sie ganz einfach „nur" Zwillings- und Drillingseltern sind - Ihre Erfahrungen, die Sie machen, sind von so unschätzbarem Wert für andere, für neue und werdende Eltern, dass sie unbedingt zu Papier gebracht werden sollten. Deshalb scheuen Sie sich nicht, uns zu schreiben und einen Beitrag zu irgendeiner Situation aus Ihren Leben mit mehreren gleichaltrigen Kindern zu schicken. Ihre Erfahrungen und vor allem Ihre Tipps und guten Ideen sind gefragt.

Und so geht's: Sie schreiben - wie Ihnen der „Schnabel gewachsen" ist. Dies hier ist kein Aufsatzwettbewerb. Unsere Redaktion bearbeitet Ihren Beitrag, macht die Überschrift dazu, das Layout und formuliert die Bildunterschriften und die Zwischenüberschriften.

Ihr Beitrag sollte im Format .doc oder .docx, in „word" oder einem anderen, gängigen Schreibprogramm bei uns ankommen. Gern aber auch einfach direkt in der E-mail formuliert. Sie können Ihre Beiträge per E-mail senden an info@twins.de.

Wir nehmen aber nachwievor auch handschriftliche Beiträge, die ganz einfach per Post kommen. Unsere Adresse: ZWILLINGE, Postfach 40 11 11, D-86890 Landsberg. Schicken Sie uns auch Ihre Fotos mit. Am besten sind ganz normale Familienfotos, wie man sie mit jeder Digicam oder einem Handy machen kann. Um die entsprechend hohe Auflösung und die Druckfähigkeit kümmert sich unsere Redaktion. Und wenn Sie uns einen großen Gefallen tun wollen: benennen Sie Ihre Fotos mit denjenigen, die darauf zu sehen sind - also zum Beispiel MaxConnySpielplatz.jpg.

Wir belohnen es, wenn Sie uns einen Beitrag schicken: Suchen Sie sich ein Buch aus

Und was bekommen Sie für Ihren Beitrag? In erster Linie natürlich helfen Sie anderen Zwillingseltern, die vielleicht noch ganz am Anfang stehen, mit ihren wertvollen Erfahrungen. Zweitens macht es auch einfach Spaß, über die eigene Familie zu schreiben und die eigenen Zwillinge in unserer kleinen Zeitschrift zu sehen.

Allerdings veröffentlichen wir Ihren Beitrag in der neuen Machart unserer Zeitschrift nicht mehr unter vollem Namen, es sei denn Sie wünschen das ausdrücklich. Der Hintergrund dafür ist, dass das neue ZWILLINGE - DAS MAGAZIN dadurch, dass es auch auf online-Portalen angeboten wird, einem größeren Leserkreis angeboten wird. Natürlich werden sich am ehesten betroffene Zwillings- und Drillingseltern für ZWILLINGE interessieren. Dennoch möchten wir jeglichem Missbrauch vorbeugen. Übrigens: Wer einen Beitrag für unser Magazin schreibt, erhält ein Exemplar des betreffenden Magazins gratis (zur Erinnerung) oder kann sich ein Buch aus unserem Programm aussuchen.

Dann kann's ja losgehen ... wir freuen uns und sind gespannt.

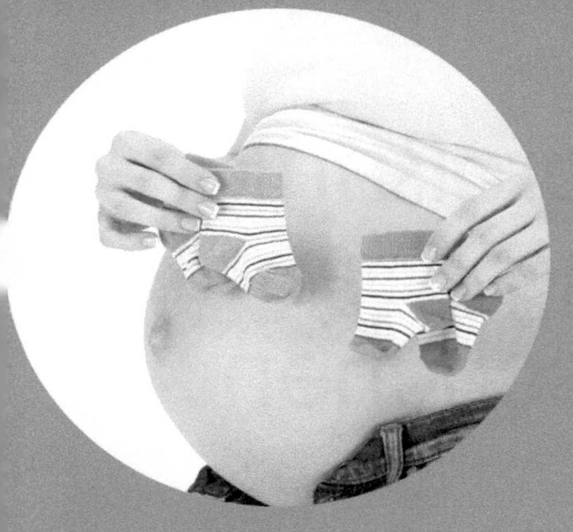

GEBURTSVORBEREITUNG FÜR ZWILLINGSSCHWANGERE

IN BERLIN

INHALT

- Wahl des Geburtsortes
- Erstausstattung
- Geburtsverlauf, Geburtspositionen
- Natürliche Geburt / Kaiserschnitt / BEL
- Informationen über Klinikroutinen
- Bindung vor und nach der Geburt
- Stillvorbereitung
- Die ersten Tage mit Zwillingen / Wochenbett
- Unterstützungsmöglichkeiten
- Frühchen
- Austausch und individuelle Fragen

PRAKTISCHE ÜBUNGEN

Atem- und Entspannungsübungen
Körperarbeit, Masssagen
Gedanken-/Geburtsreise
Schulung der Körperwahrnehmung

INFORMATIONEN

Wann:
Samstag - Sonntag 16. - 17.2.2019,
10 - 17 Uhr inkl. 1 Stunde
Mittagspause

Wo:
Stubenrauchstrasse 5
12161 Berlin

Wieviel:
Gesetzlichversicherte: keine*
Privatversicherte: 163,20 €
Partner: 120 € **

* Der Kostenanteil für Schwangere wird
durch Teilnahmebestätigung direkt mit der
Krankenkasse abgerechnet.
**Der Partneranteil wird von einigen
Krankenkassen erstattet.

Wer:
Jana Friedrich (Hebamme)
Inga Sarrazin (Zwillingsmutter
und Stillberaterin (AFS)

Wie:
jana@hebammenblog.de
inga.sarrazin@maternita.de

Was:
Versichertenkarte
gemütliche Kleidung
Partner

Stillkissen - großartige Unterstützung beim Stillen & Fläschchen

Stillkissen für Zwillinge eignen sich nicht nur für das Stillen, für das sie entworfen worden sind. Sondern eben auch, wenn man Fläschchen füttert. Zwillingsmutter Inge hat es ausprobiert.

Meine Stillzeit ist leider schon vorbei. Ich habe unsere Zwillinge Max und Lena insgesamt vierzehn Monate lang gestillt. In dieser Zeit haben wir es uns auf dem Boden bequem gemacht. Mit dem Rükken an der Wand und dem Stillkissen auf den Beinen saß ich ganz gemütlich da und habe mir die zuvor bereit gelegten Kinder auf das Stillkissen geholt. So hatte ich beide Hände frei zum Anlegen und zum Streicheln.

Abb.: www.zwillingsburg.de

Zum Stillen haben wir uns es immer gemütlich gemacht.

Anfangs hatte ich ein Stillkissen mit Kunststofffüllung, dies war zwar schön leicht, aber die Kinder sind mir auf diesem Kissen regelrecht weggerutscht. Danach habe ich ein Stillkissen mit Dinkelfüllung angeschafft. Darauf blieben die Kinder so liegen, wie ich sie platziert hatte. Das Stillkissen mit Dinkelfüllung gab es in zwei Größen und die größere davon war passend und ich konnte es sogar ganz um mich herumlegen und auch die Zwillinge hatten genügend Liegefläche auf diesem Kissen.

Mit Hilfe eines solchen Stillkissens kann man auch Fläschchen füttern.

Nachts, wenn ich einmal nicht stillen wollte, gab ich den beiden abgepump-

Das neue Zwillingskissen kann mehr als nur ein Stillkissen sein. Durch die aufgesetzten Kopfpolster haben die Zwillinge besseren Halt.

te Muttermilch. Das ging dann einfach schneller.

Wenn Max und Lena anfingen, zu mekkern, ging ich zuerst in die Küche und erwärmte erst einmal die Milch. Das Stillkissen lag dann schon zu einem „U" geformt bereit. Dann habe ich Max und Lena zusammen in die Kuhle gelegt. So lagen sie mit dem Köpfchen erhöht und ich konnte mich vor das Kissen knien und den beiden gleichzeitig das Fläschchen geben.

War Max mal schneller mit dem Trinken fertig und wollte sein Bäuerchen machen, dann habe ich ihn hoch genommen und vorher Lenas Flasche mit einem bereitliegenden Handtuch fixiert. So konnte Lena weiter trinken, Max sein Bäuerchen machen und was besonders wichtig war: mein Mann weiterschlafen.

Was hätte ich ohne meinen Mann gemacht? So viele Kissen gibt es nämlich gar nicht ...

Oft hat mir mein Mann auch geholfen. Das war natürlich sehr angenehm. Aber ich war auch der Meinung, dass er ausgeschlafen sein sollte, damit er seinen Job gut machen konnte. Trotzdem weiß ich nicht, was ich ohne seine Hilfe ge-

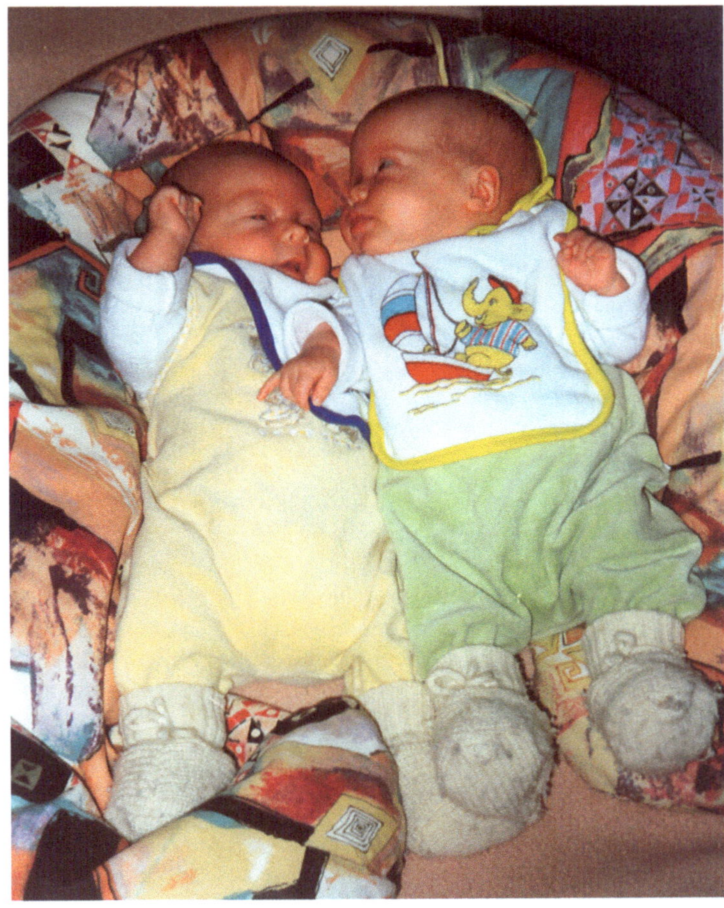

Zwillingsmutter Inge hat ihre Zwillinge Lena und Max sehr gerne gestillt. Doch ein Stillkissen kann weit mehr. Man kann es auch zum Fläschchen füttern benutzen und überhaupt, um die Zwillinge abzustützen.
Noch besser: das neue Zwillingskissen, das Zwillingsmutter Annette Wulf vom Onlineshop www.zwillingsburg.de entwickelt hat.

macht hätte ... so viel Kissen gibt es nämlich leider nicht. (Inge B.)

Wie wichtig ist es, zu wissen, ob die Zwillinge ein- oder zweieiig sind?

Zwillingsmutter Andrea ist es wichtig, zu wissen, ob ihre Zwillinge ein- oder zweieiig sind. Immerhin hat sie eineiige Zwillingsschwestern, die gerade einen sehr schwierigen Abnabelungsprozess durchmachen müssen. Andrea will rechtzeitig gegensteuern, damit die Bindung nicht zu extrem wird.

Ich finde es nicht egal, ob unsere Zwillinge ein- oder zweieiig sind. Unsere kleinen Mädchen sind im April mit jeweils 2.400 Gramm in der 36. Schwangerschaftwoche als drittes und viertes Kind in unserer Familie geboren worden. Es gab zwei Fruchtblasen, aber nur eine gemeinsame Plazenta.
Die wurde zur Untersuchung in ein Labor eingeschickt. Laut Laborbericht sollen unsere Zwillinge eineiig sein. Das kann ich fast nicht glauben - denn die beiden sehen nicht gleich aus. Es gibt deutliche Unterschiede. Oder sehe ich als Mutter das anders?

Müssen eineiige Zwillinge wirklich total gleich aussehen?

Ich frage mich: müssen eineiige Zwillinge wirklich gleich aussehen? Und: Wie zuverlässig sind solche Untersuchungen überhaupt?
Ich finde es schon wichtig, zu wissen, ob die Kinder ein- oder zweieiig sind, um mich als Mutter besser drauf einstellen zu können. Meiner Meinung nach muss bei eineiigen Zwillingen verstärkt darauf geachtet werden, dass sie sich zu eigenen Persönlichkeiten entwickeln.
Und ich denke, ich weiß, wovon ich spreche. Denn ich habe selbst Zwillingsschwestern, die wahrscheinlich eineiig sind. Sie sind jetzt 23 Jahre alt. Dieses enge Verhältnis der beiden, diese extreme Paarbindung und jetzt - da die beiden erwachsen sind - dieser schwierige Abnabelungsprozess ... das möchte ich meinen eigenen Zwillingsmädchen ersparen.

Diese Erziehungsfehler möchte ich nicht machen.

Auch unsere Mutter sieht es heute anders. Jetzt meint sie, sie hätte diesen Prozess nicht noch unterstützen sollen - zum Beispiel durch gleiche Kleidung („Das sah ja so süß aus ...") oder auch durch den Besuch einer gemeinsamen Schulklasse („die brauchten sich doch gegenseitig ...")
Im Gegensatz zu meinen Zwillingsschwestern wuchsen die zweieiigen Zwillingssöhne der Schwester meines Mannes ganz anders auf. Die beiden sind total verschieden im Wesen und sehen auch total verschieden aus. Diese beiden haben ein ganz normales Geschwisterverhältnis (unter insgesamt vier Jungen). Sie haben längst nicht diese Schwierigkeiten wie meine beiden Schwestern.
Bei meinen Schwestern vergeht zum Beispiel heute noch kein Tag, ohne dass sie

Ein- oder zweieiig, das ist hier die Frage. Muss man das wirklich wissen, fragen sich viele Zwillingseltern. Aber ja, meint Andrea, die sich sicher ist, dass das eine tiefere Bedeutung hat.

mindestens einmal miteinander telefonieren oder noch besser: sich treffen.

Ich bin sicher, dass eineiige Zwillinge eine viel intensivere Bindung zueinander haben als andere Geschwister (auch zweieiige Zwillinge).

Nun bin ich selbst Zwillingsmutter und möchte diese starke Bindung zueinander nicht auch noch durch gleiche Kleidung unterstützen, denn diese zu enge Bindung bringt später nur Probleme mit sich. Wenn ich weiß, dass meine Zwillinge eineiig sind, kann ich als Mutter besser darauf achten, dass sich jedes Kind zu einem eigenständigen, selbständigen Menschen entwickelt. Für mich sind Zwillinge auch keine Sensation, leider reagiert das Umfeld aber genau so.

Gleiche Kleidung - zuviel Aufmerksamkeit.

Ein typisches Beispiel: Mein Mann und ich waren in einem Supermarkt unterwegs. Jeder mit einem eigenen Einkaufswagen. Jeder hatte eines der Zwillingsmädchen im Wagen sitzen - diesmal verschieden angezogen. Wir wurden nicht beachtet und sind auch nicht weiter aufgefallen.

Ein anderes Mal waren die beiden gleich angezogen und obwohl sie wieder in verschiedenen Einkaufswagen saßen, haben sich alle nach uns umgedreht. Es gab ein großes „Oh" und „Ah" ... "Sieh' mal, Zwillinge!"

Wir haben vier Mädchen und jedes ist eine eigene Persönlichkeit.

Wir haben vier Mädchen. Sie sind sechs und vier Jahre alt und zweimal neun Monate. Wir haben sie alle gleich lieb. Und ich finde die Frage nach der Eiigkeit schon wichtig, weil wir als Eltern, dann entsprechend gegensteuern können ...
(Andrea L.)

Schnelle Tipps & gute Ideen für Zwillinge

Zwillings- und Drillingseltern müssen vor allem praktisch denken. Deshalb haben sie Tipps und Ideen auf Lager, die wirklich hilfreich sind. Haben Sie auch einen Vorschlag, der auf diese Seite passt? Her damit!
Unsere E-mail: info@twins.de

Dass die Umstellung vom Fläschchen (oder dem Stillen) auf feste Nahrung mit viel Kleckerei verbunden sein konnte, konnten wir im vergangenen Heft lesen. Zwillingsmutter Elena hat Gästehandtücher zu Riesenlätzchen umfunktioniert.

Zu Beginn der ersten Breifütterungen und bei den ersten selbständigen Essversuchen waren mir viele Lätzchen einfach zu klein. Der Brei fand doch meistens den Weg auf den Pullover. Also habe ich vier nicht benötigte Gästehandtücher umfunktioniert. Auf dem oberen Drittel habe ich mittig einen Kreis von circa 13 Zentimeter Durchmesser ausgeschnitten. Der obere Rand beträgt dann noch fünf Zentimeter. Dann habe ich circa 30 Zentimeter Bündchenstoff doppelt gelegt eingenäht

wie bei einem Sweatshirt. Die Bündchenbreite sollte zwei bis drei Zentimeter plus Nahtzugabe betragen. Testen Sie vorher, ob das Bündchen gut über den Kopf passt, (der ja auch noch wächst).

Ich habe in gleicher Farbe ein unifarbenes Handtuch und ein gestreiftes Handtuch verwendet. Die so entstandenen Lätzchen liegen perfekt von den Schultern bis zur Hose über der gesamten Körperbreite und meine Zwillinge tragen sie heute noch gerne. Die Pulloverärmel, die auch etwas abbekommen könnten, schiebe ich immer bis zum Ellenbogen hoch.

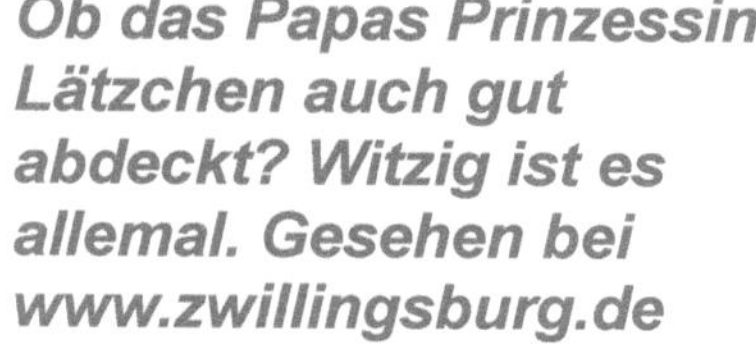

Ob das Papas Prinzessin-Lätzchen auch gut abdeckt? Witzig ist es allemal. Gesehen bei www.zwillingsburg.de

Immer schön zum Spielen: eine Kinderküche. Auch Gloria und Marilyn haben eine Kinderküche vom Christkind (oder war's vom Weihnachtsmann?) geschenkt bekommen. Zusammen, wohlgemerkt.

Meine Mädchen sind im September zwei Jahre alt geworden und seitdem gehen sie vormittags in den Kindergarten. Seitdem genieße ich die Nachmittage mit meinen beiden Wilden noch mehr. Dieses Weihnachten haben sie eine Kinderküche geschenkt bekommen. (siehe Foto). Die Küche zum Spielen wurde von einem guten Bekannten selbst gebaut. Die Materialkosten beliefen sich auf 90 Euro - das Zusammenbauen war umsonst. Die Küche ist wirklich toll und die beiden haben sich sehr gefreut. Kochen steht nämlich bei ihnen derzeit hoch im Kurs.

Eine Spielküche für Zwillinge.

Bisher hatten wir eine kleine gebrauchte Spielküche aus Plastik in unserer großen Küche stehen. Schon mit dieser Küche haben die beiden gerne Kaffee, Suppe, Eier und Toast zubereitet, während ich in Ruhe ebenfalls kochen konnte - natürlich „richtig" und dabei hatte ich die Zwillinge im Blick. Jetzt war das Plastikteil schon etwas angeschlagen - insofern kam die neue Spielküche gerade recht.

Jedes Jahr neu: Habt Ihr noch Tipps für uns? info@twins.de

Alle Jahre wieder wird der Ausstattungsratgeber für Zwillings- und Drillingseltern neu überarbeitet. Er gilt als beste Grundlage, um sich bei den vielen Ausrüstungsgegenständen zu orientieren. Die 4. Auflage enthält noch mehr Hinweise auf Rabatte, Rabattcoupons und eine Liste spendabler Hersteller. Die 5. Auflage ist in Vorbereitung.

Das praktische Ringbuch gibt es im Buchhandel oder bei www.twins.de

ISBN 978-3-927058-71-2, 18,99 €

Wie sollen Drillinge schlafen, wenn sie älter sind?

Die meisten Drillingseltern gehen davon aus, dass ihre drei Babys gern zusammen liegen, wenn sie schlafen. Sie sind es ja so gewohnt aus der Schwangerschaft. Doch, wann ist es Zeit, die Drillinge nachts zu trennen? Brauchen sie verschiedene Betten oder doch eher die Nähe zueinander? In einer Facebookgruppe haben sich Drillingsmütter ausgetauscht.

Brigitte: „Ich habe eine Frage an alle: wie habt Ihr das mit den Betten gemacht, als Eure Drillinge größer wurden? Unsere sind jetzt 3,5 Monate alt und liegen noch zu dritt in einem 140 x 70 Zentimeter großen Bett, aber bald geht das nicht mehr und ich mag sie auf keinen Fall nachts trennen. Habt Ihr selbst Betten gebaut, damit sie sicher sind, aber reinpassen?"

Katrin: „Wir haben sie getrennt. Sie schlafen so deutlich ruhiger. Alle im eigenen Bettchen, die dicht beieinander stehen."

Sabine: „Meine vier Babys schliefen erst Fuß an Fuß immer zwei in einem Bett und als sie größer waren, jeder in seinem Bett, aber immer zwei Betten direkt nebeneinander."

Mia: „Wir haben unsere Drillinge auch getrennt, weil sie sich gegenseitig wach gemacht haben. Aber alle haben in einem gemeinsamen Zimmer geschlafen."

Katrin: „Wir haben erst zwei 1,40 x 70 Betten mit Kabelbindern aneinandergebunden und die Ritze zwischen den Betten mit einer Decke ausgestopft. Das haben wir aber nicht lange beibehalten, denn sie haben sich dann gedreht und gestört, so dass wir sie dann doch getrennt haben."

Natalia: „Mit spätestens vier Monaten, fangen sie an, sich zu drehen, was ich persönlich ziemlich gefährlich fand. Unser Sebastian (fünf Kilogramm) lag dann auf Anna (nur drei Kilogramm). Sie war motorisch noch nicht in der Lage, sich weg zu drehen. Ich weiß nicht warum, aber sie hat nicht geschrieen. Ich habe es nur durch Zufall gesehen. Ab dem Zeitpunkt schliefen sie in unterschiedlichen Betten."

Sandra: „Wir haben die Babybetten zusammen geschraubt. Am Anfang hatten wir die Gitterstäbe auch nicht drin."

Beate: „Unsere sind jetzt 13 Wochen alt und bis letzte Woche waren sie alle in einem gemeinsamen Bettchen. Am Anfang haben sie miteinander gekuschelt bzw. beim Schlafen ihre Händchen aufeinander gelegt und ich hatte den Eindruck, dass sie es lieben, zusammenzuliegen. Seit Kurzem behindern sie sich aber und es landen zum Beispiel Finger im Auge des Bruders und es ging dann nach jedem ‚Vorfall‘ immer ein Riesengeschnatter durchs Bett.

Wir haben sie jetzt auf zwei Bettchen aufgeteilt, die sich gegenüber stehen und sie schlafen jetzt viel ruhiger und auch länger am Stück. Ich habe nicht das Gefühl, dass sie es anders vermissen.“

Marianne: „Wir haben unsere mit circa drei Monaten nachts getrennt, da sie so viel besser und ruhiger geschlafen haben. Zu den Tagesschläfchen waren sie bis circa sieben Monate in einem speziellen Drillingsstubenwagen, dann haben sie sich hochgezogen und der Rand war zunehmend in gefährlicher Reichweite.“

Susanne: „Wir hatten sie bis sie circa zehn Monate alt waren, zusammen in einem Zwillingsbett 1,20 mal 1,20 Meter gehabt. Die Jungs (jetzt 21 Monate) schlafen da jetzt immer noch zusammen drin, allerdings liegt ein Lagerungskissen

als ‚Trennung‘ zwischen ihnen. Unsere Tochter liegt im eigenen Bett daneben.“

Deborah: „Ich habe zwei von den drei Betten zusammen gebaut, aber irgendwann schliefen sie getrennt besser so mit fünf Monaten kamen sie jeder in ein eigenes Bett.“

Britta: „Wir haben die Gitter an einer Seite komplett entfernt und die Betten um unser Bett gebaut. Einer rechts, einer links und einer oben. Alles auf eine Höhe. Klappte perfekt, mittlerweile sind sie zwei Jahre alt und sie rollen generell zu uns auf die Matratze.“

Bettina: „Als unsere drei anfingen, sich gegenseitig in einem Bett zu stören, haben wir kurzerhand das Bett und auch unser Bett zusammengeklappt und in den Keller verfrachtet. Jetzt schlafen wir auf einer Matratzen-Landschaft auf dem Boden und fühlen uns alle sehr wohl dabei.“ *(Fortsetzung auf Seite 24)*.

Unsere Buch-Zwillinge zum Thema „Zwillinge & Drillinge stillen“

Seit vielen Jahren zählt Susanne Wittmairs Buch „Zwillinge stillen“ zu den Standardwerken für Zwillings- und Drillingsmütter. Im Spätherbst hat es jetzt eine Ergänzung bekommen: das neue Stillbuch von Inga Sarrazin, das Zwillingsmütter direkter anspricht und auch Blankoseiten für ein kleines, eigenes Still-Tagebuch enthält.

Beide Bücher gibt es im Buchhandel und auch unter www.twins.de - bei uns sogar in einem kleinen Sonderangebot - weil wir ein neues Heft ZWILLINGE - DAS MAGAZIN gratis mitschicken.

Ein Drillingsbett mit reichlich Platz für drei

Als wir für unseren neuen Ausstattungsratgeber recherchierten, schrieb uns Anne an. Sie hilft Drillinge mit zu betreuen und sie hatte einen super Tipp für unser Buch: ein Drillingsbett von Sämann Kindermöbel.

Anne schrieb an uns: „Wir lieben dieses Bett, es ist von Sämann Kindermöbel. 140 x 140 cm, höhenverstellbar. Wir haben es oben als Bett und unten (ab nächste Woche) als Spielplatz/Laufgitter.

Es ist reichlich Platz zum Herumkreiseln. Ein sehr stabiles und schön verarbeitetes Bett/Laufgitter.

Der Preis von 230 € ist absolut ok. Bei Bestellung wird es direkt angefertigt und dann ausgeliefert (circa 10 Werktage)."

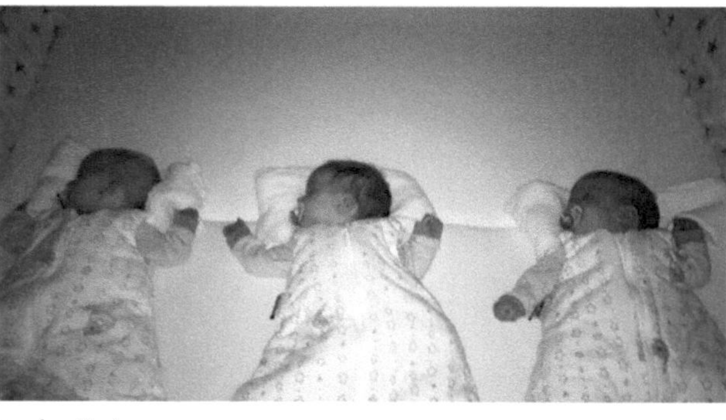

**Mehr Informationen unter
www.laufgitter-baby.de**

Solange sich Drillinge nicht gegenseitig beim Schlafen stören, ist so ein großes Bett, das auch als Laufstall dienen kann, sehr praktisch.

Später lässt sich das Riesenbett immer noch für zwei von den dreien verwenden. Damit sich die Babys nicht stören, kann man ein Lagerungskissen dazwischen aufbauen.

An unsere Abonnenten: Wenn Sie umziehen oder bereits umgezogen sind ...

Bitte unbedingt Ihre neue Adresse mitteilen. Die Zeitschrift wird als Büchersendung verschickt, deshalb teilt uns die Post Ihre neue Adresse NICHT mit. Schreiben Sie uns eine E-mail an: info@twins.de

Supertricks für mehr Spaß in der Familie

Frischgebackene Eltern müssen sich von ihrer Umwelt eine Menge guter Tipps anhören, denn jeder weiß es besser. Noch besser weiß es das neue Buch „Supertricks für Eltern" - ein regelrechtes Survival-Kit.

Wer, wenn nicht wir, die Zwillings- und Drillingseltern weiß, wie kleine Tricks uns das Leben erleichtern? Unsere Standardseite in ZWILLINGE beweist es: Immer noch schicken uns Leserinnen Ideen, wie man sich das Leben mit Mehrlingen leichter macht, die unserer Seite „Schnelle Tipps" Futter geben.

Was kann das Buch von Stiftung Warentest, was wir noch nicht können? Wer es gelesen hat, weiß, wie man kleine Kinderfinger ohne Gezeter in den Handschuh bekommt, auf langen Autofahrten den Nachwuchs bei Laune hält, wie man Klopapierabrollwahnsinn stoppt und wie man es sich im Restaurant nicht mit dem Personal verscherzt. Mehr Zeit und Spaß für die ganze Familie ... Agnes Prus muss es wissen. Die Autorin des neuen Ratgebers hat zwei Kinder und viel Erfahrung, die sie gerne weitergibt. Sie hat unkonventionelle Lösungen parat wie Duschhauben über Buggyrädern im Hausflur oder bunte Konservendosen als Aufbewahrung für kleine Kinderschuhe. Sie liefert Tricks fürs fixe Aufräumen, rettet Motive von Lieblingsshirts, sie baut aus einem Wäschekorb einen sicheren Pool in der Badewanne, und Anleitungen für Riesenseifenblasen, Entdeckertüten oder ein mit Glitter und Flitter aufgepimptes Laufrad. Natürlich weiß Agnes Prus, die auch Kochbücher schreibt, dass in vielen kleinen Gemüseverweigerern in Wahrheit nur der Gourmetgeist geweckt werden will und liefert entsprechende Tipps:

„Supertricks für Eltern", Agnes Prus, ISBN 978-3-86851-488-9 14,90 Euro.

Gemeinsames Kochen in kinderfreundlicher, sicherer Küche etwa wird zum Riesenspaß. Rezepte für blitzschnellen Einsatz gegen knurrende Mägen kommen auch auf den Tisch, genau wie Sicherheitsmaßnahmen gegen rutschende Teller und verbrannte Finger. „Familienleben passiert nicht nur drinnen, ein großer Teil findet natürlich unterwegs statt", sagt die Autorin - und so hat sie Tipps für Ferien, Supermarkt, Stadtpark und Arztbesuch notiert.

Ich gebe zu, hier können selbst Zwillingseltern noch was lernen. Deshalb verlosen wir das Buch (das man auch kaufen kann) wie immer gegen einen Beitrag, den Ihr uns schreibt ... vielleicht auch einen Tipp aus Eurem Leben mit Zwillingen? Bewerbt Euch mit einer E-mail an info@twins.de.

Raus aus dem Bett – rein in den Schnee

Wie transportiert man Babys am besten, wenn die Fußwege nicht oder nur schlecht geräumt sind: auf einem langen Schlitten, den man mit zwei Rückenlehnen bestückt, findet Zwillingsmutter Monika.

Da möchte man sich fast dazu setzen: Die Zwillinge Jonas und Hendrik aus dem Sauerland werden durch die verschneite Landschaft gezogen. Die beiden sitzen dick eingemummelt auf einem Schlitten mit komfortablen Rückenlehnen.

Kippsicher: Schlitten besser schieben statt ziehen!

Wer es noch komfortabler haben möchte, befestigt zusätzlich einen Schiebegriff (mit integrierter Rückenlehne), der die zweite Rückenlehne ersetzt.
Der Vorteil: ein Schlitten, den man schiebt, kippt nicht so leicht um wie ein Schlitten, der gezogen wird ... (fragt mal

Max von Gratkowski, der weiß das aus eigenen Kindertagen ...)

Keine Kälte von unten: Lammfell in den Schlitten legen.

Ganz wichtig ist auch, dass die Zwillinge schön warm eingepackt sind und der Schlitten mit einer dicken Decke (wie hier) oder noch besser: einem Schaffell ausgelegt ist.
Wenn das noch nicht reicht: einfach eine kleine Wärmflasche in den Schlitten (die Fußsäcke) mit rein. Man muss ja immer berücksichtigen, dass sich die Kinder nicht bewegen, also sich auch nicht durch eigene Bewegung warm halten

Wenn das nicht gemütlich ist: im gut ausgepolsterten Schlitten durch die verschneite Landschaft im Sauerland ... den Zwillingen Jonas und Hendrik gefällt das jedenfalls.

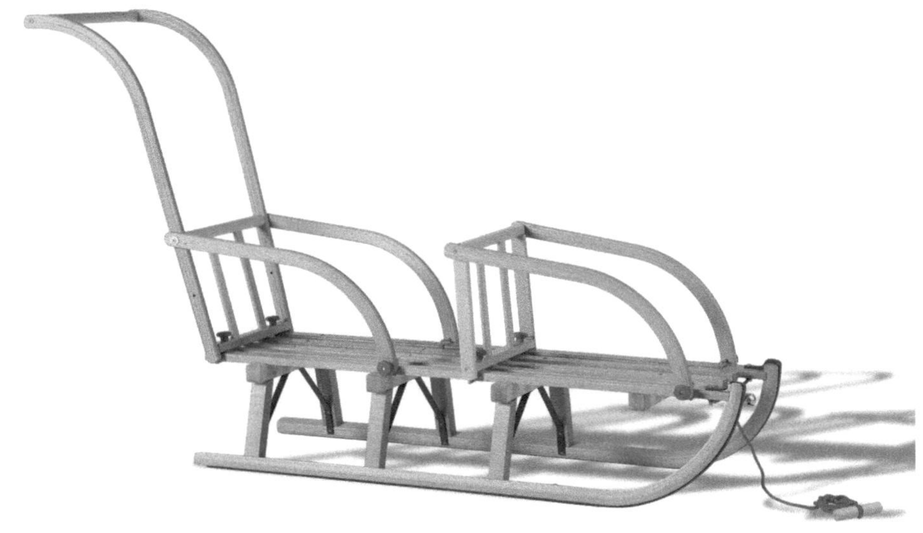

können. Sowieso empfiehlt es sich, die Zwillinge in ihre Fußsäcke zu packen, bevor man sie auf den Schlitten setzt. Passt das denn alles auf einen handelsüblichen Schlitten oder braucht man einen doppelt großen Schlitten? Naja, doppelt vielleicht nicht, aber groß sollte der Schlitten schon sein.

Man findet so einen Zwillingsschlitten zum Beispiel im online-Shop

www.zwillingsburg.de

Dort gibt es auch das entsprechende Zubehör, mit dem man den Schlitten auf jeden Fall ausrüsten sollte.

Tipp: Warme Hände auch beim Kinderwagenschieben

Und wo wir gerade beim Winter sind: Wo sind denn nur schon wieder die Handschuhe? fragt sich manche Zwillingsmutter,

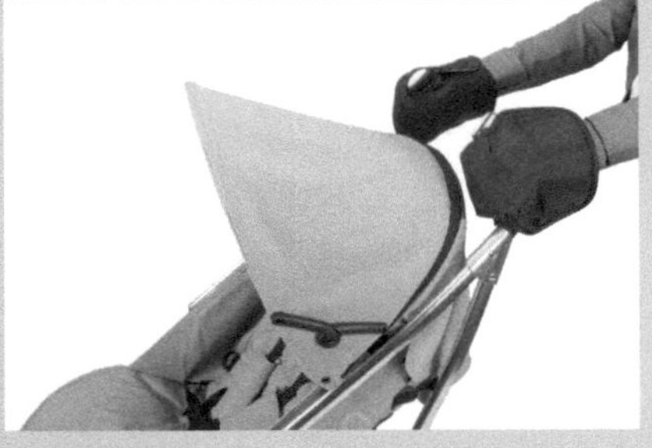

wenn sie endlich schnell los starten will ... Am Kinderwagen. Das ist nämlich mal eine wirklich praktische Idee - es gibt spezielle Kinderwagenhandschuhe, die man gleich am Schibegriff dran lässt.

Zwillingsalarm - Jetzt helfen Türgitter!

Wer hat denn heute noch Türgitter? Zwillingsmutter Margit schwört darauf. Seit ihre Zwillinge Lennart und Torben krabbeln können, müssen sie aus dem Spielzimmer ihrer Geschwister rausgehalten werden und in der Wohnung drin gehalten werden, wenn die Mama mal an den Briefkasten oder in den Keller muss ...

Was tun, wenn es außer den Zwillingen noch größere Geschwister gibt, die einmal in Ruhe und Sicherheit vor den Zwillingen spielen möchten?

Als unsere zweieiigen Jungen Lennart und Torben mit neun Monaten anfingen, zu krabbeln, war es mit der Ruhe aus für die größeren Geschwister Aliena (damals drei Jahre alt) und Cedric (damals fünf Jahre alt). Wir überlegten, wie wir die Zimmer aufteilen sollten und wie wir den beiden älteren Geschwistern einen Spielbereich schaffen konnten, zu dem

die Zwillinge nur eingeschränkt Zutritt haben sollten.

In unserer Mietwohnung brachte ein Zimmertausch mehr Platz.

Da unsere Wohnverhältnisse in einer Mietwohnung im zweiten Stock eines Mehrfamilienhauses nun mal ziemlich eingeschränkt sind, war guter Rat teuer. Letztendlich tauschten mein Mann und ich unser relativ großes Schlafzimmer mt dem kleineren Kinderzimmer von Cedric und Aliena. Die beiden haben jetzt in ihrem Zimmer, unserem ehemaligen Schlafzimmer, eine relativ große, freie Bodenfläche zum Spielen. Das Wohnzimmer wurde kurzerhand zum Spielzimmer für die Zwillinge umfunktioniert. Sie wuseln sowieso überall herum und ebenso das dazugehörige Spielzeug. Abends räume ich auf, in dem ich alles in eine große Spielzeugkiste auf Rädern einsammle.

Türgitter kosten nicht viel und bieten maximale Sicherheit. Dieses hat sogar eine Tür und ist von IKEA.

vom Türgitter zu öffnen, aber dann müssen halt der große Bruder oder die Mama helfen.

Das gleiche Türgitter haben wir nun auch vor unsere Eingangstür montiert, damit sich die Großen in Ruhe vor der Tür die Schuhe an- oder ausziehen können und trotzdem noch nach Hilfe rufen können (denn so groß sind sie ja auch noch nicht), wenn sie Hilfe beim An- oder Ausziehen der Schuhe brauchen.

Ein Türgitter schützt auch den Eingangsbereich.

Jetzt hatten wir aber noch keine Lösung dafür, wie wir das neue Spielzimmer der beiden „älteren" absperren könnten. Aliena und Cedric wollten nämlich nicht hinter geschlossenen Türen spielen, sie brauchen den Rufkontakt.

Also haben wir ein Türgitter angeschafft - da kann die Tür offen bleiben und die beiden können in Ruhe dahinter in ihrem neuen Zimmer spielen.

Aliena hat zwar etwas Probleme, die Tür

Auch kann ich jetzt einmal in den Keller oder an den Briefkasten (unten) gehen, wenn Torben und Lennart wach sind, ohne dass ich dabei im Treppenhaus Angst haben muss, dass sich meine Kindern ohne meine direkte Anwesenheit fürchten und schreien. Ich kann dann Rufkontakt zu meinen Kleinen halten und die können mir nicht ins Treppenhaus folgen. (Margit W.)

Zwillinge & ihre Geschwister

Für kleine Kinder ist es immer ein großes Ereignis, wenn sie Geschwister bekommen. Wenn Zwillinge geboren werden, fallen die Veränderungen umso größer aus. Wie Eltern die Geschwister vorbereiten, steht in diesem Buch, das auch einen Teil zum Vorlesen und Ausmalen hat.

ISBN 978-3-927058-18-7, 14,90 Euro, www.twins.de

Da ist was los in der Bude! - drei unter drei

Schon im vergangenen Heft haben wir lesen können, wie eine Mutter mit drei Kindern unter drei Jahren zurecht kommt. Das Geheimrezept lautete: Jede angebotene Hilfe annehmen, bzw. suchen. Wir haben zwei weitere Erfahrungsberichte zum Thema. Eine Mutter/ein Vater berichten ...

Caroline war gerade 17 Monate alt, als ich am Weltkindertag! erfuhr, dass wir Zwillinge bekommen würden. Ich wusste im ersten Moment nicht, ob ich lachen oder weinen sollte, als ich die beiden winziger Herzen auf dem Ultraschallmonitor sah.

Statt des erwarteten einen Babys gleich zwei ... Zwillinge!

Zusammen mit meiner Tochter fuhr ich direkt zu meinem Mann in die Firma. Da er von dem Vorsorgetermin beim Frauenarzt wusste, fragte er gleich: „Na, wie geht's dem Baby?" Meine Antwort war nur: „Grammatikalisch falsch! Es muss heißen: Wie geht es den Babys?" Er verstand sofort und nahm mich erst einmal in den Arm.

Am Abend gestand er mir, dass ihm den ganzen Nachmittag vor lauter Aufregung schlecht gewesen war.

Uns war schlagartig klar geworden, dass alles ganz anders werden würde, als geplant. Die Wohnung war mit 57 Quadratmetern und ungünstiger Raumaufteilung viel zu klein für drei Kinder. Das Auto würde am Anfang noch Platz für Maxi-Cosis oder ähnliche Babyautositze bieten. Nicht aber für die größeren Kindersitze. Unsere Babyausstattung würde natürlich auch nicht ausreichen,

von dem erforderlichen Zwillingswagen ganz zu schweigen.

Es dauerte fast drei Wochen, bis ich mich an den Gedanken gewöhnt hatte, dass es zwei Kinder werden würden. Danach blickte ich optimistisch in die Zukunft und machte mir auch nicht mehr so grosse Sorgen. Das Wohnungsproblem nahm viel Zeit in Anspruch und schien erst einmal fast unlösbar.

Die Schwangerschaft verlief aus medizinischer Sicht völlig problemlos, wenn man von der eingeschränkten Bewegungsfreiheit durch den enormen Bauchumfang einmal absah. Zum Glück war unsere Tochter ein echtes Leichtgewicht, so dass Hochheben und Kurzstreckentragen bis zu 28. Schwangerschaftswoche noch gut ging.

Turbulenzen im April.

Im April überschlugen sich dann die Ereignisse. Am 4.4. (Carolines zweitem Geburtstag) unterschrieben wir den Mietvertrag für eine neue Wohnung, die fast doppelt so groß wie die bisherige ist und auch doppelt so teuer. Am 21.4. zogen wir dort ein und am 26.4. kamen unsere Jungs in der 37. Schwangerschaftswoche per Kaiserschnitt zur Welt. Nicolas wog 2.920 Gramm und Alexander 2.510. Da es uns allen sehr gut ging, durften wir schon nach acht Tagen gemeinsam nach Hause gehen. Die Zwillinge wurden von Anfang an völlig ohne Probleme voll gestillt (dank Hanna Lothrops Stillbuch und dem Buch „Zwillinge stillen").

In den ersten fünf Wochen zu Hause hatten wir eine Familienpflegerin, die uns eine sehr große Hilfe war, dann fing jedoch der Alltag an.

Oft wusste ich nicht, was ich zuerst erledigen sollte. Allein das Wickeln und Waschen von drei Kindern am Morgen beanspruchte einige Zeit. Danach stillen beziehungsweise füttern der „Großen" oder ihr wenigstens beim Frühstück „gut zureden" ... Die Kleinen wurden dann schon bald wieder müde, was durch den sprunghaft gestiegenen Geräuschpegel unüberhörbar wurde.

*Meine Tage sind ausgefüllt -
keine Zeit für mich oder meinen
Mann!*

Waren die Zwillinge dann irgendwann im Bett, fingen schon die Vorbereitungen für das Mittagessen an. Immer wieder einmal zwischendurch ein paar Sachen wegräumen, die Waschmaschine anwerfen, Wäsche aufhängen - eine fünfköpfige Familie bringt es auf einen recht beachtlichen Wäscheberg pro Tag. Mittlerweile haben wir es eingesehen und sind jetzt stolze Besitzer eines Wäschetrockners.

Da bei drei kleinen Kindern mit ziemlicher Sicherheit immer eines brüllt, machten mein Mann und ich die Einkäufe am frühen Abend und zwar im Eiltempo, denn zu Hause fing das abendliche Konzert sicher gleich an ...

Was immer zu erledigen war, wurde nach Möglichkeit telefonisch gemacht, was eine enorme Zeitersparnis mit sich brachte. Bestellungen haben wir fast nur noch über das Internet getätigt. Niemand

von uns hatte großartig Zeit, in Geschäften zu bummeln und einzukaufen.

Da wir leider keine Großmütter mehr haben, die uns vielleicht die eine oder andere Arbeit hätten abnehmen können, haben wir uns eine echte Perle zugelegt. Anna kommt immer samstags und bringt unsere Böden auf Hochglanz, beseitigt Kinderfingerspuren an allen Ecken und Enden und gibt uns einfach das Gefühl, dem absoluten Chaos wieder einmal entkommen zu sein.

Unsere Caroline wird im nächsten Jahr

drei und die Jungs ein Jahr alt. Zurückblickend auf ein Dreivierteljahr mit drei Kindern unter drei kann ich aus meiner Sicht folgendes sagen:

Es kostet viel körperliche Kraft, die anfallenden Arbeiten zu erledigen und es kostet viel geistige Kraft, trotz brüllender Kinder nicht die Nerven zu verlieren. Das Schlimmste an dieser Zeit war für mich, dass ich eigentlich kaum Zeit für mich oder meinen Mann hatte und irgendwie ständig erschöpft oder müde war (und bin). Außerdem bleibt das Gefühl, dass man dem einzelnen Kind nicht genug Zeit widmen kann.

Aber, wir sind sehr dankbar, dass wir drei gesunde Kinder haben und die beiden Binsenwahrheiten, die ich zum Abschluss noch zitieren möchte, bewahrheiten sich doch immer wieder irgendwie:

- Es hätte viel schlimmer kommen können!
- und mit der Zeit wird alles besser!

(Sabine B.)

Unser zweites Kind sollte rund zwei Jahre Abstand zu Rebekka haben, deshalb war die Freude im Dezember groß, als die Frauenärztin die „geplante" Schwangerschaft bestätigte. Umso grösser war die Überraschung, als dann im Januar bei der Ultraschalluntersuchung zwei „Gummibären" zu sehen waren. Da wir beide in dieser Hinsicht unvorbelastet waren, versuchten wir uns zuerst gründlich zu informieren.

Rebekka, bis dahin ein totales „Mamakind", lernte bis zum Ende der Schwangerschaft zwangsweise, dass man auch mit anderen Menschen spielen und reden kann, wenn Mama mit einem Bauchumfang von 130 Zentimeter (im achten Monate) im heißen Sommer schlapp macht. Bei der Geburt in der 40. Schwangerschaftswoche war Rebekka gut zwei Jahre alt.

Wegen des unerwarteten Familienzuwachses zogen wir einen Monat später in eine größere Wohnung um.

Auch sonst änderte sich vieles. Unser Auto - vorher als geräumig beurteilt - erwies sich als Engpass: Sowohl Rebekkas Kindersitz als auch die Babyschalen mussten ja mit dem Dreipunktgurt befestigt werden - dadurch blieben für die Eltern nur noch der Fahrersitz und der Mittelplatz auf der Rückbank, der aber zwischen den Baby-/Kinderautositzen denkbar schmal ausfiel.

Logistische Probleme: wie passen drei Kindersitze ins Auto?

Zur Zeit fährt Rebekka in einem Kindersitz, der sehr schmal ist und den man gut mit dem Beckengurt befestigen kann. Das Anschnallen ist aber umständlich (vorzugsweise mit einer geöffneten Tür) und danach - wenn auch die Jungs jeweils außen sitzen - lassen sich die Türen gerade noch schließen.

Was das Füttern der drei Kinder unter drei anbelangt - die ersten Wochen waren Stress ohne Ende, Stillen und Fläschchen zufüttern ... dann Wickeln und so weiter ... Wir waren zu zweit rund um die Uhr gut beschäftigt, pro Nacht gab es dreimal zwischen anderthalb und zwei Stunden Schlaf. Da die Milch nicht reichte, wurde abgestillt - und die Lage entspannte sich schlagartig.

Da ich nahe am Arbeitsplatz wohne (zweimal 15 Minuten zu Fuß), hatte ich relativ viel Zeit mit der Familie verbringen können. Meine Frau ging um 22 Uhr ins Bett, ich übernahm die Spätschicht: Fütterung zwischen 1 und 2 Uhr, dann schlafen. Um 4 Uhr oder um halb 5 reichte meine Frau den „Nachtimbiss", Frühstück dann zwischen 7 und 8.

Dadurch konnte jeder wenigstens fünf bis sechs Stunden pro Nacht am Stück schlafen, es war einfach nicht mehr so schlimm wie vorher. Nach sechs Monaten entspannte sich die Lage, da die Kinder annähernd durchschliefen, und Rebekka trocken wurde. Nachdem wir ein bisschen zu Kräften gekommen waren, konnten wir dann endlich die Wohnung herrichten, beziehungsweise die Einrichtung vervollständigen.

Rebekka musste in dieser Zeit sehr zurückstecken, zog sich zum Bilderbuch angucken zurück, wenn sie merkte, dass wir mit der Versorgung der „Twins" beschäftigt waren - und kam dann wieder an, wenn die Jungs zum Schlafen ins Bett gelegt wurden. Also nix mit Pause und Ruhe, aber andererseits mussten wir dankbar sein, dass sie in Stresszeiten den Vorrang der Zwillinge oft klaglos akzeptierte.

Alle gesund - was gibt es Schöneres für Eltern?

Allen gleichzeitig gerecht zu werden, ist vielleicht unmöglich, auch heute freut sich Rebekka auf ein Spiel oder eine Geschichte in der Mittagspause, während die Herren ihren Mittagsschlaf halten. Wenn jeder so zu seiner Zeit auf seine Kosten kommt, und das zu schätzen weiß, dann ist das Gerechtigkeit.

Inzwischen hat sich die Lage weiter entspannt. Rebekka ist vormittags im Kindergarten, Benedikt und Lukas spielen schön miteinander, während die Mama den Haushalt erledigt. Die Jungen sprechen (wenn auch viel schlechter als ihre Schwester im gleichen Alter), ziehen sich größtenteils selbst an und aus, und sind tagsüber sauber.

Rebekka managt nachmittags das gemeinsame Spielen, und will Benedikt später heiraten. Motorisch sind die Zwillinge sehr gut entwickelt, man kommt ja auch viel früher an die Spielzeuge der großen Schwester heran.

Rückblickend sind wir dankbar für gesunde Kinder, viel Hilfe von der Familie und aus dem Bekanntenkreis, und dafür, dass die drei sich - trotz des einen oder anderen Streits - liebhaben.

(Michael M.)

Vorlesen: wie man Zwillinge für's Lesen begeistert ...

Menschen lesen zu wenig ... das ist bei Kindern nicht anders. Längst haben elektronische Medien dem „langweiligen" Buch den Rang abgelaufen. Wer - wenn nicht wir - wüsste das besser. Das ist schade, denn wer selbst liest (meinetwegen auch ein E-Book) entwickelt noch eigene Phantasie dabei. Deshalb: Vorlesen, was das Zeug hält.

Als wir anfingen, unseren zwei Jungs vorzulesen, setzten wir die beiden in ihre Hochstühle. Ich setzte mich mit einem Buch dazu und dann las ich aus einem Buch mit vielen kleinen Geschichten vor.

Lesen sollte Bestandteil eines Zubettgeh-Rituals sein.

Jonas und Erik waren etwa 16 Monate alt, als wir uns überlegten, in unser Zubettgeht-Ritual auch eine kleine Vorlesezeit einzubauen. Dazu legte ich sie bereits fertig für Nacht (Zähneputzen erledigt, Schlafanzug und Schlafsack an) in ihre Bettchen und setzte mich in einen gemütlichen Sessel dazu. Anfangs machten sie Terror, aber nicht wegen der Vorlesens, sondern weil sie gar nicht daran dachten, schlafen zu gehen. Sie standen in ihren Bettchen auf, gingen in den Gitterbettchen hin und her, schrieen dabei und wollten alles, nur nicht zuhören und schon gar nicht einschlafen.
Doch ich blieb geduldig und dachte mir, irgendwann werden sie es schon schätzen, wenn sie noch eine kleine Vorlesestunde haben. Also blieb ich in meinem Sessel sitzen und las einfach vor.
Ich hatte eine ganze Bibliothek an Büchern

für meine Jungs. Anfangs waren es keine normalen Geschichtenbücher, sondern Bücher, die irgendwelche Geräusche machen konnten. Sie quietschten, wenn man hier drauf drückte, sie klingelten, wenn man dort drauf drückte oder sie raschelten. Diese Bücher konnten sie auch tagsüber mal allein anschauen, was sie auch sehr gern taten. Dabei unterzogen sie die Bücher einer wahren Visitation, ließen sie aber erstaunlicherweise ganz, also machten sie nicht kaputt.

Zum Einschlafen eignen sich kleine Geschichten, die nicht zu spannend sind.

Zum Einschlafen eigneten sich allerdings andere Bücher. Am besten welche mit kleinen Geschichten, die nicht zu spannend waren, nicht zu lange dauerten. Das hatte zusätzlich den Vorteil, dass sich die beiden jeweils eine Geschichte vorm Zubettgehen wünschen durften. Und eine dritte Geschichte suchte ich für uns aus. Nach drei Geschichten waren Jonas und Erik meistens müde genug, um sich brav hinzulegen und zu schlafen.
Auch tagsüber brachten mir die beiden im-

mer wieder Bücher, die ich ihnen vorlesen sollte. Sie waren damals etwa 20 Monate alt.
Und sie versuchten auch andere Leute dazu zu bringen, ihnen vorzulesen. Wenn meine Mutter zu Besuch war, packten sie die Oma an der Hand und zogen sie zum Bücherregal. Sie saßen gern auf Omas oder Opas Schoß und ließen sich vorlesen.

Meine Bemühungen, aus den Zwillingen kleine Bücherwürmer zu machen, hatte anscheinend Erfolg gehabt.

Meine Mutter hat dann die Buchtexte aufgenommen, während sie las. Später schauten sich die Jungs gemeinsam die Bücher an und während sie die Seiten umblätterten, kam Omas Stimme aus dem Recorder. Sehr praktisch!

Meiner Meinung nach muss man die Kinder durch Vorlesen ans Lesen gewöhnen. So sehen sie (und hören), dass es auch Spaß machen kann, ein Buch zu lesen und nicht immer nur mir dem Computer zu spielen oder Fernsehen zu schauen.

Viel Spaß beim Lesen! (Melanie S.)

Bücher von Zwillingseltern für und über Zwillinge

Das Buch (rechts) kann man direkt bei Jannika Bock bestellen:

Das Buch mit den zwei Seiten gibt's im Buchhandel:
ISBN 978-3743-1179-21

Es kostet 19€ plus 2 € Versand. Schreibt an: tvilling.books@gmail.com.

Holzarbeiten für Zwillinge und Drillinge

Selbst etwas aus Holz schaffen ... das macht vielen Kindern Spaß Die Lust am Werken vermittelt jetzt nicht nur Pelle Krautwald in seiner Werkstatt (mit angeschlossenem Shop), sondern auch seine Frau Ulja, die Bücher zum Thema schreibt. Wir verlosen alle Bücher - bewerbt Euch!

Auch wenn Zwillinge sehr oft, sehr gut miteinander spielen (vor allem, wenn sie nicht mehr so klein sind, sondern vielleicht schon in die Schule gehen), kann etwas Anregung nicht schaden. Dafür gibt es jetzt das zweite Buch vom Werkdachs, der gerne mit Holz arbeitet und diesmal auf der Suche nach Holz ist, um die Gitarre der Katze zu repapieren. Und dieses Buch möchten wir Euch gerne vorstellen, denn es führt Kinder - und nicht nur Zwillinge - spielerisch ans Werken mit Holz heran.

Im Buch enthalten: viel Information über Holz.

Die Geschichte: Der Werkdachs ist unter den Tieren als da sind: die Katze, der Fuchs und die Krähe, als Bastelfreak bekannt. Sie wissen, dass der Dachs gerne etwas baut: mit Holz.

Und wer hat meist viel Holz gelagert? Klar! Es ist der Biber. Der nagt sich ja den lieben langen Tag durch Bäume und hat entsprechend viel Holz gelagert.

Die Gitarre der Katze ist kaputt. Vielleicht hat der Biber ein passendes Holz, mit dem der Dachs sie raparieren könnte? Der Werkdachs möchte gerne helfen und so machen sich die Tiere gemeinsam auf in das große Holzlager des Bibers, wo sie bestimmt etwas Passendes finden.

Bei der Gelegenheit lernen die kleinen Leser des ansprechend illustrierten Bilder- und Vorlesebuches einiges über den Biber selbst: Wie er lebt, wo er lebt, was er mit dem Holz macht usw.

Und natürlich gibt es im Holzlager des Bibers verschiedene Hölzer - auch darüber lernen die Zwillinge und andere kleine Leser etwas: da gibt es Bohlen aus Eiche, es gibt Eschenholz, Ulme, Buche, Kastanie, Lärche und Birke.

Und sie lernen auch gleich noch, was man daraus machen kann: Zum Beispiel einen neuen Steg bauen (Esche). Esche ist auch gut für Räder, Schlitten und Besenstiele. Das Eichenholz muss noch lagern. Die Birke ist das Lieblingsholz vom Biber: „Die Rinde schmeckt so gut!"

Auch Wurzelholz lagert hier. Daraus kann man Knäufe und Kugeln machen. Und Knöpfe.

Auch die musikalische Seite wird angesprochen: es gibt ein „Biberlied".

Die Katze will weiter zu einem Holz, mit dem man ihre Gitarre reparieren kann. Ahornholz. Spätestens da müssten kleine Bastler schon Lust auf das Werken mit Holz haben.

Die Biber arbeiten fleißig und singen da-
Weiter auf Seite 38.

Das erste Buch vom Werk-
dachs handelt vom Wald ...
der Werkdachs und seine
Freunde machen sich auf
den Weg zu einer Party
am See. Dabei erfahren
Kinder eine Menge über
den Wald, lernen ein Lied
und können nach Anleitung
eine Flöte aus einem
Holunderzweig basteln.

Pelle & Ulja Krautwald,
Gundega Muzikante (Illu-
strationen), Krautwald
Verlag, 14,90 Euro,
ISBN 978-3-943349-13-9
- wer eines der Bücher
haben möchte, schreibt
uns eine Mail an
info@twins.de.

Wer mehr zum Thema
Arbeiten mit Holz wissen
möchte, kann sich „Die
Werkfibel" bei Pelle Krautwald bestellen.
www.die-werkkiste.de
Er betreibt das Shop mit
den Werkkisten und veran-
staltet Kurse für Kinder, die
mit Holz umgehen möch-
ten. ISBN 879-3-943349-
14-6, 5,90 Euro

bei das Biberlied, das auch die Zwillinge lernen können: Text und Noten sind in Buch enthalten. Spätestens jetzt, ist die Lust auf's Arbeiten mit Holz da.

Und so widmet sich der letzte Teil des Buches der Information über den Werkstoff Holz. Die Kinder erfahren, wie sich Holz zusammensetzt, welche Hölzer es gibt und wie sie sich unterscheiden, wie Holz gewonnen wird und was man alles daraus machen kann.

Zum Beispiel ein Amulett. Und dafür ist als Zuckerl eine Anleitung im Buch vorhanden. Auf geht's!

Die Werkkiste - kleine Bastler finden hier, was sie brauchen

Vor vier Jahren haben wir schon einmal über die Werkkiste in Hamburg berichtet. Dort kann man auch an Kursen teilnehmen. Wer nicht in Hamburg wohnt, kann die Möglichkeit nutzen, sich fertig gepackte Werkkisten nach Hause zu bestellen, in denen alles drin ist: Bastelmaterial und Werkzeug.

In jeder Werkkiste findet Ihr alles, was Ihr braucht: Holz, Nägel, Schrauben etc. und ein 16-seitiges, bunt illustriertes Anleitungsheft. Mit Fotos und Zeichnungen im Heft ist jeder Bauabschnitt für Kinder und Eltern leicht verständlich. Das Besondere an den Kisten: Bei der Werkkiste bleibt immer viel Raum für Kreativität und eigene Ideen.

Wer noch kein eigenes Werkzeug hat, findet hier aber auch zum Start ein Set aus richtig gutem Werkzeug für Kinder, zusammen mit einem Werkzeugkasten zum Selberbauen.

Und dieses Werkzeug funktioniert! Schon damit unterscheidet es sich von vielen anderen Werkzeugen, die für Kinder angeboten werden. Es wird großer Wert auf Funktionalität und ökologisch vertretbares, langlebiges Werkzeug mit ansprechendem Design gelegt. Es macht Freude, mit dem Werkzeug der Werkkiste zu arbeiten.

Und die Werkzeuge passen für Kinder. Die Größe der Werkzeuge ist ideal für kleine Hände. Sie sind aber von Erwachsenen ebenso erfolgreich einsetzbar.

Die Zusammensetzung des Werkzeuges ist so gewählt, dass fast alle von Kindern durchführbare Holzarbeiten damit machbar sind. Es ist ein Komplettset für alle Werkideen der Werkkiste.

Alle Produkte der Werkkiste gibt es im Laden, aber auch im übersichtlichen Online-Shop unter

www.die-werkkiste.de

Dort kann man sich über die Idee, das gesamte Angebot und die Kurse informieren. Für Eltern mit Kindern aus dem Raum Hamburg gibt es nämlich ein tolles Kursangebot, wo Kinder unter Anleitung bauen und werken können.

Alle Kurse der Werkkiste finden in schönen hellen Räumen in der Schomburgstraße 87 in Hamburg Altona statt.

Und während die Kleinen mit Holz arbeiten, können sich Eltern kurz einmal in die gemütliche Sitzecke und den kleinen Hinterhofgarten zurückziehen. Dazu gibt es Kaffee, Tee und Kaltgetränke.

Information über alle Kursangebote bei:
Pelle Krautwald
E-Mail: kurse@die-werkkiste.de
Tel.: 040 -60 94 40 78
(Mo - Fr. 9 bis 18 Uhr)

Praktisch: Reisebettchen mit Wickelauflage

Endlich habe ich die Möglichkeit, verschiedene Ausstattungsgegenstände selbst zu testen. Enkelchen Josephine sei Dank, müssen Dinge wie zum Beispiel ein Reisebett angeschafft werden. Wir haben uns für eines von der Firma Hauck entschieden.

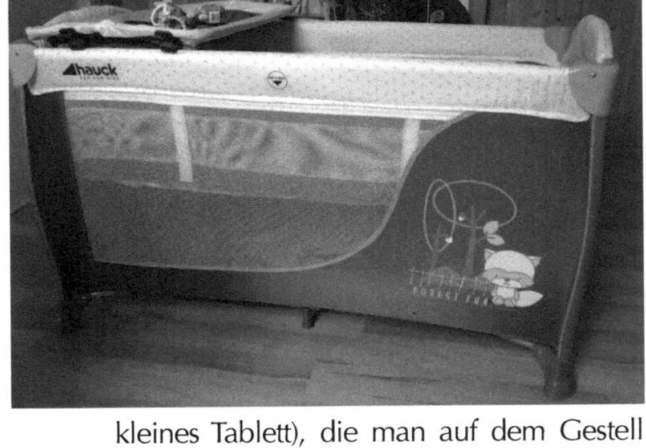

Reisebetten hatten wir auch ... vor 30 Jahren natürlich schwerer, weniger praktisch und auch relativ sperrig aufzustellen oder auf Urlaubsreisen mitzunehmen. Also standen sie am Ammersee, wo meine Mutter lebte. Weihnachten hat uns jetzt Josephine, unser erstes Enkelkind, besucht. Also brauchten wir auch ein Reisebett. Wir haben uns entschieden für das Hauck Sleep'n Play Center II (Design Forest Fun) für 69,99 Euro.

Zwei Dinge waren mir wichtig:

1. Das Bettchen sollte eine höhenverstellbare Matratze haben, damit wir uns keinen „Wolf" heben, wenn wir das Finchen herausnehmen wollen. Sie wiegt ja schon mehr als sechs Kilogramm.

2. Brauchten wir auch eine Möglichkeit, das Finchen zu wickeln. Und dafür hat das Reisebettchen eine Wickelauflage (wie ein kleines Tablett), die man auf dem Gestell des Bettchens festclipsen kann. Ideal.

Das Bettchen kam also hier an und tatsächlich - es ist auch erstaunlich klein zusammenlegbar. Und dann machten wir zwei Zwillingsspezialisten uns daran, es aufzubauen, was nicht so ganz einfach war. Nicht, dass die Technik besonders kompliziert wäre ... es fehlte schlicht an einer vernünftigen „Betriebsanleitung" ... wenig Text (dafür in x Sprachen), viele Zeichnungen mit Begriffen wie „zack" und „klack" ... wir kriegten das Ding nicht aufgestellt und waren leicht genervt. Doch jetzt steht es und sieht gut aus. Wir kriegen es hoffentlich wieder zusammengelegt ... und würden uns einfach nur eine bessere Anleitung dafür wünschen. (MvG)

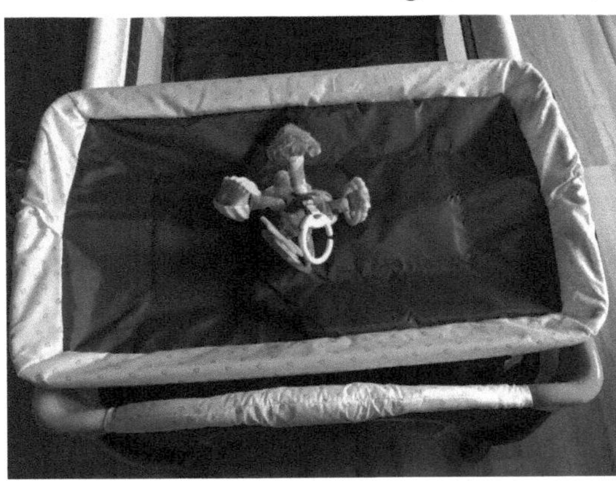

Mit integrierter Wickelauflage - perfekt!

Brotbacken mit Zwillingen und Drillingen

Immer neue Backideen machen das Backen zu einem Kinderspiel. Und ein Spiel ist es für Zwillinge immer, wenn sie in der Küche mithelfen dürfen. Diesmal stellen wir Euch „Brotliebling" vor, wo man fertige Backmischungen für Brote aller Art bestellen kann. Da kann nichts mehr schief gehen ...

Zwillinge lieben es wie alle Kinder, in der Küche mitzuhelfen. Backen macht besonders Spaß. Jetzt werden aber keine Plätzchen mehr gebacken wie in ZWILLINGE - DAS MAGAZIN Nr. 35 (vom Dezember 2018), sondern Brot.

Gerade kleinen Kindern macht das Teigkneten und Herumantschen mit dem geschmeidigen Teig eine Menge Spaß ... ist ja fast wie im Sandkasten, wo auch nach Herzenslust geknetet und gemantscht werden darf. Nur besser ...

Denn es macht noch mehr Spaß, wenn der Teig langsam aufgeht und später im Ofen, wenn er zu einem Brot wird, wunderbar duftet.

Brotbacken? Zu schwierig denken Sie? Nicht mit „Brotliebling", da wird das Brotbacken doch glatt zum Kinderspiel.

Was ist Brotliebling? Brotliebling ist eine Firma, die

Wenn's ums Backen geht - machen sogar große Zwillingsjungs gerne mit.

bereits alle Zutaten für das eigene Brot in Backsets zusammengepackt hat (siehe Kasten auf Seite 41). Alle Zutaten sind da - da kann nichts mehr schief gehen. Sie werden zusammen gegeben und dann nach der beigefügten Anleitung zu einem geschmeidigen Teig zusammengerührt und geknetet. Nach wenigen Arbeitsschritten, bei denen auch schon kleine Zwillinge und Drillinge beteiligt werden können, wird der so entstandene Brotlaib in den Ofen geschoben und Kinder und Eltern brauchen nur noch abzuwarten, bis das frische Brot fertig ist und aufgeschnitten (und natürlich verzehrt) werden kann.

Natürlich gibt's nicht nur eine Sorte Brot, sondern jede Menge Abwechslung: So gibt

es zum Beispiel auch die Backmischung „Laugenbrezeln", bei der die fertige Teigrolle dann brezenförmig verschlungen werden muss ... oder es gibt das sogenannte „Löwenbrot", das mit Mandeln und knusprigen Hanfsamen besonders viel Energie verspricht. Wer's lieber klassisch mag, kann die Backmischungen „Roggenbrot" oder „Saatenbrot" bestellen. Die Bio-Brotbacksets ergeben einen Brotlaib von circa 900 Gramm.

Mehr Information unter:

www.brotliebling.de

Bei Brotliebling gibt es Standardsorten wie das Weizenbrot oben und auch spezielle Sorten wie das Löwenbrot unten.

Brotliebling liefert das Brot nach Hause

„Brotliebling" aus Berlin bringt Brot-Fans ihr ganz persönliches Lieblingsbrot nach Hause - als Backset mit raffinierten Lieblingszutaten in bester Bioqualität. Die einzelnen Zutaten sind bereits genau abgewogen, dazu gibt's eine kinderleichte Schritt-für-Schritt-Anleitung, die auch Backanfänger sicher durch die Zubereitung führt. Im Onlineshop findet sich klassisches Roggen-, Dinkel- oder Weizenbrot, aber auch ausgefallene Backsets wie das Löwenbrot mit Mandeln und Hanfsamen oder das Glückwunschbrot mit Mandeln, Schokolade und Kerze. Köstliche Aufstriche wie „Mandelknusper" aus gebrannten Mandeln, Bio-Brotsalz mit Kräutern oder aromatischer Robinienhonig von Berliner Bienen machen die Brotzeit komplett. Zubehör wie das Gärkörbchen aus Holzschliff oder den Brotbeutel aus Leinen kann man ebenfalls im Internet bei „Brotliebling" bestellen. Für echte Brotfans gibt es zudem die Brotzeit-Boxen oder ein Abo, mit dem jeden Monat neue Brotlieblinge nach Hause geliefert werden.

Astrid (vorne) und Janna lieben es, im Schnee zu toben.

Hanna und Luise auf einem gemeinsamen Schlitten: Wer lenkt? Wer bremst?

Noch kein Schnee für Domenic und Marc ... das kommt sicher noch. In der Rhein-Main-Ebene ist es grundsätzlich milder als anderswo ...

Leni, Maja und großer Bruder Ole toben im Schnee. Toll, wenn man sogar einen Schneemann bauen kann. Dafür braucht es „Papp-schnee" ...

Im Schnee kann man auch Traktor fahren: Oskar und Theo helfen beim Schnee-räumen.

... und Laufradfahren geht auch ... wie man bei Sören und Emil sieht.

MARCUS & MARTINUS

UNSERE GESCHICHTE

Wie Zwillinge Karriere machen: Marcus und Martinus

Was? Sie kennen Marcus und Martinus nicht? Die beiden Zwillings-jungs, die derzeit angesagtesten Pop-Twins aus Norwegen? Ehrlich gesagt, ich hatte auch keine Ahnung. Das muss jetzt anders werden. Und deshalb gibt es seit kurzem ein Buch über die beiden: „Marcus & Martinus - Unsere Geschichte" (mehr dazu auf Seite 47).

Marcus und Martinus sind zur Zeit fast 17 Jahre alt. Sie kommen aus Trofors in Norwegen und sind derzeit vor allem in Skandinavien bekannt. Schon früh entdeckten sie ihre Leidenschaft für das Singen und den Spaß, den ihnen die Auftritte auf der großen Bühne bereiteten.

Als sie zehn Jahre alt waren, wurden die Zwillinge entdeckt.

2012 wurden sie im Alter von zehn Jahren Sieger bei der norwegischen Musiksendung „Melodi Grand Prix Junior" ... ganz Norwegen war aus dem Häuschen, nachdem die eineiigen Zwillinge eine Supershow abgeliefert hatten.
Jetzt arbeiten die beiden daran, auch im Rest Europas endlich bekannt zuwerden. Und so tourten sie 2018 mit ihrem neuen Album „Moments" durch ganz Europa, gaben 26 Konzerte in 14 verschiedenen europäischen Ländern.

Noch mehr über Marcus und Martinus gibt's jetzt in Buchform.

Und jetzt gibt es dieses Buch über die beiden, in dem sie offen über ihren stei-

len Aufstieg, aber auch über den Medien- und Fanrummel sprechen, mit dem umzugehen sicher nicht immer leicht ist. Bevor wir einen Blick ins Buch werfen, versuche ich, mich den beiden Stars über das Internet zu nähern. Man findet sie unter der sehr professionell gemachten Seite
www.marcusundmartinus.com

Ich benutze die deutsche Version und erfahre, dass die beiden am 21. Februar 2002 geboren wurden. Ob sie ein- oder zweieiig sind, erfahre ich hier erst einmal nicht. Ich nehme an, sie sind eineiig, weil sie sich so ähnlich sehen.

Immerhin: die fast gleichen Infos über die Jungs sind in verschiedenen Sparten.

Ich wechsle zum Programmpunkt „Infos" und erhoffe mir hier etwas mehr Informationen. Und tatsächlich - die Informationen werden getrennt gegeben: Es gibt eine Seite für Marcus und eine Extra-Seite für Martinus.
Marcus gibt an, dass er circa 1,77 Meter groß ist und noch Single. (Das hätte ich

in diesem Alter auch eher noch erwartet). Seine Lieblingsfußballmannschaft ist Manchester United.

Was unterscheidet ihn von Martinus? Marcus ist ein kleines bisschen größer und hat längeres Haar. Naja, immerhin.

Zu seinen schönsten Momenten (wahrscheinlich in Anlehnung an den Titel des neuen Albums „Moments") befragt, gibt Marcus preis, wie sehr ihn die täglichen postings seiner Fans, die Fanpost und die vielen Geschenke freuen. Gefreut hat sich Marcus auch über das Konzert, das sie vor mehr als 35.000 Fans in Oslo gegeben hatten.

Auf der Bühne sind es gut, dass der Zwillingsbruder dabei ist ...

Und natürlich: ohne Zwillingsbruder Martinus wäre es nur halb so schön gewesen. „Mein schönster Moment mit meinem Bruder ist, wenn wir zusammen auf der Bühne stehen", steht da auf der Seite im Internet, „es wäre einfach nicht dasselbe, wenn nur ich allein dort oben stehen würde!" Musik im Doppelpack - das hat was.

Die schönsten Momente mit der Familie, die selbstverständlich teil hat am Erfolg der beiden und sicher auch kräftig dafür gesorgt hat, dass die Jungs Karriere machen konnten, sind dagegen rarer geworden. Da isst Marcus am liebsten Tacos mit seiner Familie. Das findet aber seltener statt, da die Jungs viel unterwegs sind.

Martinus hat eine eigene Info-Seite auf dem Internetauftritt.

Ich wechsle zur Info über Martinus und erfahre: er hat dieselben braunen Augen wie sein Zwillingsbruder, aber er ist einen Zentimeter kleiner, also „nur" 1,76 Meter groß. Natürlich steht er auch auf Fußball und natürlich auch auf eine eng-

lische Mannschaft, allerdings auf Chelsea.

Und noch etwas unterscheidet die beiden Jungs: Martinus hat auf der Oberlippe einen kleinen Leberfleck.

Er freut sich ebenso wie sein Zwillingsbruder über glückliche Fans, die mitsingen und tanzen, besonders toll fand auch er das Konzert in Oslo und noch viel toller das Konzert in Griechenlad, wo die Brüder vor 70.000 Menschen spielten und nach dem Konzert sogar von der Polizei aus dem Stadion geleitet werden mussten.

Gefragt nach den schönsten Momenten mit seinem Zwillingsbruder antwortet er erwartungsgemäß: „Mein schönster Moment mit meinem Bruder ist, wenn wir zusammen auf der Bühne stehen. Es ist einfach toll, jemanden haben, mit dem man alles teilen kann, der die gleichen Sachen erlebt wie man selbst und der alles davon versteht." Zwillinge halt.

Und deshalb sind auch ihm die Tacosabende in der Familie sehr wichtig. Doch Karriere geht vor.

Wie ist die Musik und Marcus und Martinus?

Jetzt habe ich aber immer noch kein einzigen Lied von den beiden gehört. Ich werde das jetzt nachholen und damit eine Bildungslücke schließen. Auf Youtube sind zahlreiche Musikvideos der beiden eingestellt ...

Mein Fazit: Nicht ganz meine Musik, aber macht nichts - ich bin ja schon eine Oma (und stehe mehr auf Simply Red ...). Die Musikvideos sind professionell gemacht und die Jungs können richtig gut singen. Dabei bewegen sie sich auch noch super auf der Bühne und ich kann mir gut vorstellen, dass manches Mädchenherz höher schlägt, wenn Marcus und Martinus die Bühne rocken ... (MvG)

Marcus & Martinus unsere Geschichte

Also für jemanden wie mich, der keine Ahnung hatte, dass am norwegischen Pophimmel zwei neue Sterne leuchten, ist das Buch die Offenbahrung. Endlich erfahre ich etwas über Marcus und Martinus. Und nicht etwa abgehoben, wie man meinen könnte. Nein, es geht richtig rein in die Zwillingsgeschichte.

Besonders sympathisch die vielen Familienfotos - auch von den kleinen Stars und das in allen Lebenslagen ... beim Babyschwimmen, mit Weihnachtsmann, beim Essen, beim Schlafen und das in allen Altersstufen ...

So ein schönes Bilderbuch hätte ich auch von meinen Zwillingen Maximilian und Constantin machen können - nur, meine Zwillinge sind nicht eineiig und berühmt leider auch nicht.

Ohne Papa gäb es keine Karriere.

Großen Anteil an der Karriere der beiden norwegischen Jungs haben der Zufall (sie wurden in einer norwegischen Seemannskirche in Thailand entdeckt und traten dann beim norwegischen Musikcontest „Melodi Grand Prix Junior" an) und der Papa, Kjell-Erik, der die Jungs seitdem mehr oder weniger managt.

Normalerweise geraten Gewinner des norwegischen Songcontests schnell in Vergessenheit, wenn es im darauffolgenden Jahr einen neuen Sieger gibt. Nicht so Marcus und Martinus. Sie fingen an, eigene Songs zu schreiben und bekamen einen Plattenvertrag bei Sony Music. Die Karriere konnte weitergehen und geht noch weiter ... wie, das kann man unter anderem in dem schönen Buch der Zwillinge Marcus und Martinus lesen.

Mehr verrate ich nicht ... aber wir verlosen das Buch (bewerbt Euch mit einer E-mail an info@twins.de) und natürlich kann man es auch im Buchhandel kaufen ...

Marcus & Martinus - unsere Geschichte, 208 Seiten, Verlag Schwarzkopf & Schwarzkopf
ISBN 978-3-86265-750-6,
19,99 Euro.

Kindergeburtstag Nr. 6 für Zwillinge

Jedes Jahr auf's neue muss ich Zwillingsmutter Tanja überlegen, wie der Geburtstag ihrer Zwillinge Josie und Fynn gefeiert werden soll. Denn erstens ist das Wetter im Februar meist bescheiden und zweitens: sollten die beiden nicht jeweils ein eigenes Fest bekommen? Und wenn ja, was kann gespielt werden und hält die Kinder gut beschäftigt?

Unsere Zwillinge Fynn und Josie haben im Winter Geburtstag. Da ist immer guter Rat teuer, was man mit den Kindern machen kann. Jedenfalls beschlossen wir, den Kindergeburtstag auch dieses Jahr nochmals zusammen zu feiern. Die letzten Male liefen so schön und Fynn und Josie hatten auch nichts dagegen.

Also machte ich mich im Vorfeld mal wieder schlau, überlegte, grübelte und kruschtelte. Was kann man mit sechs bis acht Kindern im Februar relativ wetterunabhängig machen? Schatzsuche im Garten war die Lösung!
Die Einladungen waren dieses Jahr Puzz-
Weiter auf Seite 50.

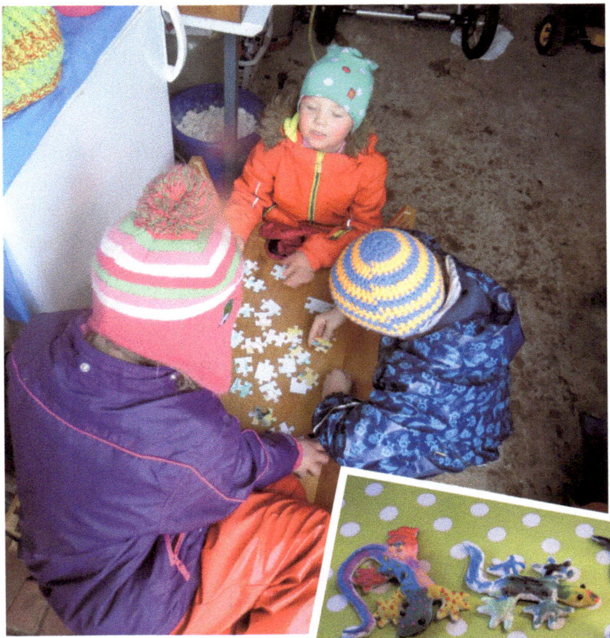

Die Blankopuzzles wurden von Josie und Fynn erst einmal angemalt und dann in mit Namen beschriftete Gurkengläser verpackt. Zum Puzzeln der Schatzkarte trafen sich die Geburtstagskinder und deren Gäste in unserem Schuppen ... da ist Platz genug und zu kalt war es auch nicht.

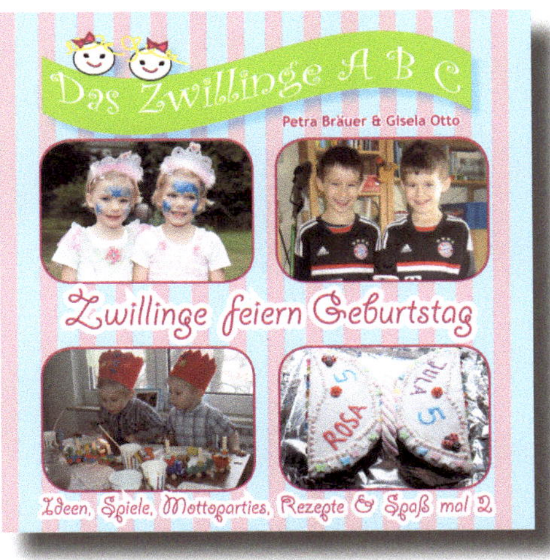

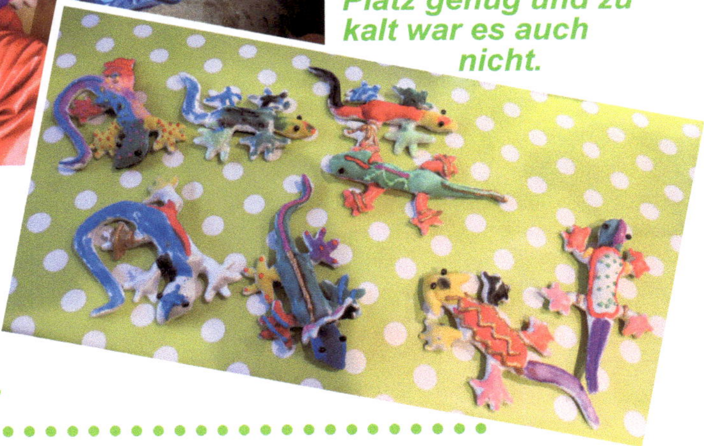

Damit die Geburtstagskinder und deren Gäste beschäftigt waren, wurde gemalt. Nämlich Sandtiere mit Stoffmalfarben.

Noch mehr Ideen für Zwillingsgeburtstage

Petra Bräuer, Zwillingsmutter und Erzieherin hat das Buch „Zwillinge feiern Geburtstag“ sachkundig zusammen gestellt. Die Mutter zweieiiger Zwillingsjungen betreibt in München einen Geburtstagsservice für Kindergeburtstage. Sie hat nicht nur die Ideen für Spiele und Deko, sondern weiß auch, wie Geburtstage für Zwillinge zu einem besonderen Tag werden.

Das Buch gibt's im Buchhandel und bei uns unter www.twins.de. 16,99 Euro, ISBN 978-3-927058-45-3

les. Ich stolperte nämlich über einen tollen Shop im Internet, www.betzold.de. Dort gibt es ganz viele, tolle Blankosachen zu bestellen. Bei der Suche einfach das Wort „blanko" eingeben - das reicht, um jede Menge tolle Angebote zu bekommen.

Also, wir haben da dann für den Geburtstag Blanko-Puzzles bestellt und irgendwo anders noch Blanko-Sandtiere (also Tiere, mit denen man im Sand spielen kann) mit Stoffmalfarben.

Unsere Einladungen waren diesmal Puzzles für die Gäste.

Die Kinder malten dann fleißig die Puzzles für ihre Gäste an, ich schrieb einen kurzen Text darauf und danach haben wir die Puzzles zusammen mit Bonbons und Konfetti in leere, saubere Gurkengläser gefüllt. Einen Deckel aus Krepppapier drauf und schon fertig! Das waren dann die Einladungen, die natürlich später auch zusammengepuzzelt werden sollten. Kamen richtig gut an die Einladungen!

Auf ein weiteres Blanko Puzzle malte ich dann das Versteck, in dem der Schatz liegt. Die Teile packte ich dann, das Wetter war mal wieder mehr als bescheiden, umständehalber in Frischhaltefolie und stapfte am Vormittag des Geburtstages im Matsch und Schnee durch den Garten und verteilte dort die Puzzleteile.

Der Schatz wurde gefunden und dann drinnen ausgepackt.

Gefeiert wurde diesmal eher zeitlich traditionell von 14.30 bis 18.30 Uhr. Wir starteten diesmal mit Kuchen, dann gingen wir raus und die Kinder suchten fleißig die Puzzleteile, machten das Puzzle dann und fanden den Schatz.

Dieser wurde drinnen ausgepackt und der Inhalt (Sandtiere, kleiner Saft, Süßigkeiten) wurden in vorbereitete Tüten verteilt. Danach wurden die Sandtiere angemalt und mit Plusterstiften (das habe ich dann gemacht) verziert. Alle, auch die Jungs, waren voll dabei.

Während die Kinder dann einfach gespielt haben, habe ich das Essen fertig gemacht - es gab die beliebten Spaghetti Bolognese. Die Soße lässt sich hervorragend vorbereiten und schmeckt natürlich allen Kindern richtig gut.

Und kurz nach 19.00 Uhr verließ dann das letzte Kind unsere Wohnung. Wieder ein Geburtstag geschafft! Und allen hat es Spaß gemacht!

Was es zum siebten Geburtstag geben wird? Noch keine Ahnung! Werde mich wohl bald wieder auf Ideensuche begeben ... (Tanja A.)

Wie beschäftigt man Zwillinge und Drillinge sinnvoll?

Natalie Schmitz ist Zwillingsmutter und Erzieherin. Sie hat zwei tolle Bücher für uns zusammengestellt.

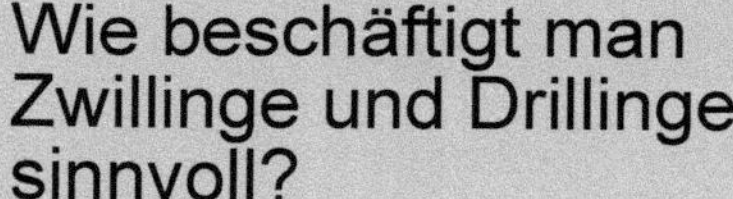

Bestellen kann man sie überall - im Internet (Amazon & Co.), im Buchhandel und unter www. twins.de

Stress lass' nach! Hausaufgaben ...

Astrid und Janna gehen gern und problemlos zur Schule. Stress machen nur die leidigen Hausaufgaben, vor allem, wenn die beiden schon einen langen Nachmittag in der Schule hinter sich haben. Autorin Sigrun Eder lässt uns seit Jahren an ihrem Alltag teilhaben.

Nun gehen Astrid und Janna schon eine Weile zur Schule. Eigentlich läuft´s. Doch es ist total anstrengend für uns alle. Vor allem, weil ich die Hausübungen genau kontrolliere und das Lesen üben so wichtig finde.

Hausaufgaben werden besonders zum Stress, wenn Nachmittagsbetreuung war ...

Besonders doof finden meine Töchter diesen Umstand an ihren Schultagen mit Nachmittagsbetreuung. Da fehlt es dann an Bereitschaft, das Federmäppchen und die Hefte und die Bücher überhaupt auszupacken.
Und schon geht es los mit dem Gezeter.

Manchmal so arg, dass ich auch lauter und schärfer werde im Ton. Ich kann mich nicht erinnern, dass die längst vergessene Trotzphase jemals so besonders mühsam gewesen wäre. Und mit einem kleinen Schaudern denke ich schon an die Pubertät und welche Kämpfe wir dann wohl miteinander austragen werden.
Janna ist vor kurzem bockig und eisern gefühlte zehn Minuten schweigend neben mir gesessen, weil sie nicht die Leseübung wiederholen wollte.
Astrid wiederum ist vor lauter Wut schier an die Decke gehüpft. Kein Wunder, kommen zu den schulischen Pflichten noch die Übungen von der Sprachheillehrerin und jene von der Logopädin hinzu.

Macht mehr Spaß als Hausaufgaben: mit dem Opa am See - Janna links, Astrid rechts..

An meinen langen Arbeitstagen bleibt dann nicht mehr viel Zeit zum Spielen. Und dass das gemeinsame Lernen auch eine Art „quality time" ist, konnte ich meinen Mädels bislang leider noch nicht verklickern. Sie fragen bloß: „Warum dürfen wir nur eine Folge von Marinette schauen?" oder verkrümeln sich grummelig in ihr Zimmer.

Was sind die Wochen-Lernziele? Manchmal habe auch ich keine Ahnung.

Mir ist immer noch nicht klar, was die Lernziele im Wochenrhythmus sind. Die Kinder markieren die Hausübung nicht täglich mit einem kleinen Häuschen, doch es klappt immer besser. Die Lehrerin schreibt auch regelmäßig E-Mails an die Eltern. Ich stelle dann mit Schrecken fest, dass ich immer eine Sache nicht gewusst habe, wie zum Beispiel, dass bei den Leseübungen, die Wörter in der Rakete schon von den Kindern geschrieben werden müssen.

Tja und dann bekomme ich wieder Stress und wünsche mir mehr Gelassenheit. Doch das ist schwer, da die Kinder bestmöglich unterstützt werden sollen, damit die Grundlage für die nächsten unglaublich vielen Schuljahre sitzt.

Natürlich gibt's auch schöne Erlebnisse ...

Es gibt auch schöne Erlebnisse, als Astrid und Janna zum dritten Mal eine Freundin aus der Schule eingeladen haben. Das war so harmonisch und entspannt! Beim Essen saßen sie einträchtig am Tisch, plauderten und anschließend erledigten sie konzentriert und ordentlich die Rechenaufgaben. Ich kontrollierte alle, dann gingen wir raus in die Kälte und später servierte ich ihnen heiße Schokolade.

Ich komme auch regelmäßig am Freitag zum Lesen üben in die Klasse und einige

Kinder kennen mich daher schon. Vor ein paar Tagen kam mir morgens eine Mitschülerin entgegen und rief freudig: „Ah, die Mama von Astrid und Janna!". Ja genau.

Ich begleite meine Töchter noch jeden Tag zur Schule. Janna möchte immer wissen: „Sind wir noch vor dem Läuten da?" Damit meint sie vor 7.45 Uhr. Wehe, wir kommen punktgenau oder auch nur eine Minute zu spät, das findet sie ganz schrecklich und reagiert sehr emotional.

Astrid nimmt das nicht so ernst. Dafür möchte sie, dass ich morgens am Schulhof bis zum ersten Läuten warte, während Janna mich schon früher verabschiedet. Janna wollte auch wissen, ob sie mal alleine nach Hause gehen kann. Ja sicher. Nur haben wir das Problem, dass die Haustüre recht schwer zum Aufschließen ist. Jetzt übt sie ganz fleißig.

Einschlafen allein und im eigenen Bett klappt jetzt schon.

Was die beiden mittlerweile sehr gut schaffen: In ihrem Bett einschlafen. Das machen sie sehr routiniert. Je nach emotionaler Schieflage kommen sie dann nachts zum Kuscheln wieder zu mir. Doch ich empfinde es als großen Gewinn für uns alle, dass die beiden dies nun können.

Einmal haben sie mich ausgetrickst: Janna hat im Bett ein Würfelpuzzle gemacht und Astrid hat unter der Bettdecke gelesen. Daraufhin habe ich das laufende Hörspiel ausgeschalten und der „Tango" mit dem Sirenlärm der beiden ging los.

Es hat eine Weile gedauert, bis die Einsicht kam, dass dies bloß die Konsequenz für die selbstermächtigte, ausgedehnte Spielzeit und keine Willkür meinerseits ist.

Astrid hat es früher eingesehen, Janna war ziemlich außer sich. Denn beide behaupten, dass sie ohne ein Hörspiel nicht einschlafen können. Ich weiß, sie können es. Nicht viel später als die beiden, bin ich

auch eingeschlafen. Tja, manchmal fällt für mich auch meine Lieblingsserie flach *g*. (Sigrun Eder)

Wunderbares aus Willi Wunders Leben:
Ein Erzählbuch für Kinder, die einzigartig sind

Etwas Wunderbares passiert eines Tages in Willi Wunders Leben: Aus einem Spaziergang wird eine Weltreise. Dabei trifft er die unterschiedlichsten Tiere. Sie alle verfügen über bestimmte Fähigkeiten. Willi Wunder fragt sich: „Wie wäre es, genau so zu sein wie diese Tiere? Wie wäre es, selbst zu fliegen, bis zum Meeresgrund zu tauchen und riesengroße Ohren zu haben?" Mama hilft ihm zu sehen, dass die Phantasie Träume wahr werden lässt und dass jedes Lebewesen einzigartig ist. Auch Willi Wunder, der sich darauf freuen darf, all die Wunder in sich selbst und um sich herum zu erkunden. „Willi Wunder - Das Bilder-Erzählbuch für alle Kinder, die ihre Einzigartigkeit entdecken wollen" ist fröhlich illustriert und unterstützt mit zahlreichen Mit-Mach-Seiten, eigene Stärken und Besonderheiten zu erkennen. Darüber hinaus werden Kinder zu einem achtsamen Umgang mit sich selbst und ihrer Umwelt eingeladen und erfahren, warum Tiere, Natur und Mutter Erde so wertvoll für uns sind.

Ein Buch der Kindersachbuchreihe „SOWAS!" von Psychologin Sigrun Eder (www.sowas-buch.de), die im Verlag edition riedenburg, Salzburg erscheint.

Verlag edition riedenburg
www.editionriedenburg.at
ISBN 978-3-99082-005-6,
14,90 Euro

Unsere Zwillinge sind in einer gemeinsamen Gruppe & das ist gut so

Früher sollten Zwillinge immer in einer gemeinsamen Kindergartengruppe sein. Dann wurden Zwillinge zwanghaft getrennt. Und heute hört man wieder auf Eltern und Kinder. Sophia und Elena in einer gemeinsamen Gruppe.

Sophia und Elena sind eineiige Zwillinge. Am Tag nach ihrem dritten Geburtstag, welchen wir noch für einen Familienausflug ins Legoland genutzt hatten, begann für die beiden die Kindergartenzeit in der Zwergengruppe.

Getrennte Gruppen oder nicht?

Wir hatten uns zuvor lange überlegt, ob wir sie in unterschiedliche Gruppen geben sollten. Die Kindergartenleitung gab bei der Anmeldung zu bedenken, dass eine spätere Trennung nur schwer möglich sei, da der Kindergarten selbst nur über zwei Kindergartengruppen verfügt. Erfahrungsgemäß könnten sich die Eltern später nur mehr schwer entscheiden, wer von beiden sich dann von seinen neuen Freunden wieder trennen soll. Auch in Ihrer Zeitschrift ZWILLINGE haben wir gezielt nochmal nach entsprechenden Beiträgen gesucht, um uns Ratschläge zu holen.

Erste Gruppenerfahrung machten die beiden im Mehrgenerationenhaus.

Hilfreich für unsere Entscheidung war, dass Elena und Sophia im Jahr vor dem Kindergartenstart bereits zusammen die Maxi-

Gruppe des örtlichen Mehrgenerationenhauses besucht hatten. Dort wurden sie zwei mal zwei Stunden pro Woche in einer kleinen Gruppe von insgesamt acht Kindern von zwei Erzieherinnen ohne Beisein der Eltern betreut.

Da beide Erzieherinnen im familiären Umfeld selbst Erfahrung mit Zwillingen haben (eine Erzieherin ist selbst Zwilling und zugleich Mutter zweieiiger Zwillinge), sind wir unserem eigenen Bauchgefühl und deren Einschätzung gefolgt, dass Elena und Sophia prima in eine gemeinsame Kindergartengruppe passen würden. Sie hatten einen ähnlichen Entwicklungsstand und haben keineswegs nur miteinander gespielt, sondern waren durchaus offen für andere Spielkameraden.

Für mich war es aufregender als für die beiden ...

Der Kindergartenstart selbst war für mich als Mama fast aufregender als für die Zwillinge. Wir haben das Glück, dass uns unser Kindergarten eine sanfte Eingewöhnung ermöglicht hat. Das heißt, am ersten Kindergartentag, der nur etwa eine Stunde gedauert hat, durfte ich mit im Gruppenraum sein. In den beiden folgenden Wochen wurde die Verweildauer sukzessive gesteigert, wo-

Die Zwillinge waren weit weniger aufgeregt beim Kindergartenstart als die Mama ... Nach drei Jahren fängt ein ganz neues Leben an ...

Sophia (rechts) und Elena sind ein Herz und eine Seele und doch unabhängig voneinander.

Warum soll man Zwillinge immer zwanghaft trennen? Davon ist man seit einigen Jahren ganz abgekommen. Wichtig ist, dass die Entscheidung ganz offen gefällt werden kann.

bei ich mich den Empfehlungen der Erzieherinnen folgend mehr und mehr zurückgezogen habe. Damit die beiden nicht ständig verwechselt werden, tragen sie im Kindergarten grundsätzlich Halstücher mit ihrem Namen oder den entsprechenden Initialen. Elena und Sophia gehen gerne in den Kindergarten. Morgens muss ich sie daran erinnern, sich von mir zu verabschieden, bevor sie sich unter die anderen Kinder mischen. Auch das Mittagessen und der Mittagsschlaf klappen offenbar problemlos. Zu Hause erfreuen sie uns mit lustigen Abwandlungen verschiedenster Kinderlieder.

Keine Zeit zum Trocken werden ...

Lediglich das Thema „Trocken werden" ist wieder in den Hintergrund gerückt. Im August zuvor kamen sowohl Elena als auch Sophia nahezu ohne Windel aus. Seit dem Start in den Kindergarten haben sie für solche „unwichtigen Dinge" offensichtlich keine Zeit mehr.
Wir sind wieder zu den Schlupfwindeln zurückgekehrt. Aber die Erzieherinnen geben uns freundlicherweise alle Zeit, die wir brauchen.

Diese Entscheidung haben wir nicht bereut.

Die Entscheidung, beide Kinder in eine gemeinsame Gruppe zu geben, haben wir bisher nicht bereut. Die Erzieherinnen waren überrascht, wie unabhängig die beiden voneinander sind. Selten finde ich sie zur Abholzeit am selben Spielort vor.
Auch wurde mir schon grinsend erzählt, man sei heute Zeuge eines handfesten Geschwisterstreits geworden, bei dem keiner mehr wusste, wer oben und wer unten war. Trotz allem sind die Mädchen füreinander sehr wichtige Bezugspersonen. Die erste Frage bei krankheitsbedingter Abwesenheit eines Zwillings gilt stets der Schwester. Und Sätze wie „Wenn einer die Elena schubst, dann tröst' ich die Elena" rühren mich natürlich immer wieder.

Gut aufgehoben - das Wichtigste.

Für mich beginnt im nächsten Monat nach über dreijähriger Abwesenheit wieder das Berufsleben. Es tut gut zu wissen, dass sie sich gegenseitig haben und Halt geben können. (Christine K.)

Zwillinge in Krippe, Kindergarten & Schule

Unser Buch zeigt schon im Cover, was davon zu halten ist: es ist ein Würfelspiel, wie man es „richtig" macht. Jedes Zwillingspaar ist anders - die einen brauchen einander, die anderen brauchen etwas Emanzipation von einander. Deshalb ist es ganz wichtig, dass es keine starren Regeln gibt bei der Entscheidung, ob Zwillinge in eine gemeinsame Kindergartengruppe oder später in eine gemeinsame Schulklasse gehen sollen. Dieses Buch enthält viele Aspekte und zahlreiche Elternbeiträge, aber auch Fachleute schreiben zum Thema.

ISBN 978-3-925870-15-6, 19,90 € im Buchhandel und unter www.twins.de

Hier treffen sich Zwillinge in Berlin

Eigentlich wollten die Berliner Zwillinge Christian und Andreas Bergel ihr legendäres Berliner Zwillingstreffen vor einigen Jahren einstellen ... doch davon ist jetzt nicht mehr die Rede. Die Planungen für das 17. Event dieser Art laufen auf Hochtouren. Hier die ersten Informationen dazu.

Hallo liebe Zwillinge!

Wir möchten Euch alle ganz herzlich zum nächsten CAtwins Zwillingstreffen einladen. Wir werden unser 17. Zwillingstreffen am 31. August 2019 veranstalten.

Start im Wirtshaus Heimatliebe

In diesem Jahr haben wir für Euch ein ganz besonderes Zwillingstreffen organisiert. Wir wollen mit Euch eine Reise in die Vergangenheit unternehmen!
Wir beginnen unser Treffen am Freitagabend, den 30. August ab 18:00 Uhr im Wirtshaus Heimatliebe, das zum gemütlichen Beisammensein bei Essen und Trinken drinnen und draußen genügend freie Plätze bietet. Parkplätze sind ausreichend vorhanden oder Ihr fahrt mit der Buslinie 139 bis Haltestelle „Lüdenscheider Weg".

Freie Zeit in der Altstadt Spandau

Am Samstag beginnen wir das Zwillingstreffen mit einem Zeitraum zur freien Verfügung, der in kleinen Gruppen mit individueller Absprache genutzt werden kann. Für alle, die unser Hotelkontingent in Berlin-Spandau wahrnehmen, haben wir folgende Vorschläge zur Freizeitgestaltung: Die Altstadt Spandau ist Berlins größte Fußgängerzone, die nicht nur zum Flanieren einlädt.

Neben den vielen Geschäften und dem Warenhaus, gibt es auch kulturelle Sehenswürdigkeiten, die wir Euch empfehlen können. Ihr könnt Euch das Gotische Haus aus dem 15. Jahrhundert anschauen, welches das älteste Bürgerhaus Berlins ist. Außerdem bieten der Historische Marktplatz und die St. Nikolai Kirche interessante Einblicke in den Stadtteil.
Schräg gegenüber vom Altstadtkern befindet sich die Zitadelle Spandau, die zu den besterhaltenen Festungsanlagen Europas zählt. Vom Juliusturm aus habt ihr einen guten Weitblick zur Havel und dem Spandauer See. Die Dauerausstellung „Enthüllt. Berlin und seine Denkmäler" zeigt seit 2016 die Denkmäler, die das Berliner Stadtbild prägten. Unter anderem ist dort auch der berühmte Kopf der Lenin-Statur zu sehen. Alle, die sich nicht so sehr für Kultur interessieren, können auch am neu gestalteten Lindenufer an der Havel spazieren gehen, das sich hinter dem Rathaus Spandau befindet.

Zwillingstreffen in Old Texas Town

Um 13:30 Uhr ist dann der offizielle Start des Zwillingstreffens. Wir treffen uns am Hauptportal zur ältesten historischen Westernstadt Deutschlands: Die beiden Zwillingstürme weisen uns den Weg dorthin. Nachdem wir Eure Anmeldungen entgegen genommen haben, stellen wir uns alle um

14:00 Uhr zum traditionellem Gruppenfoto auf. Dazu werden die Medienvertreter und auch wieder unser Fotograf Herr Kirsch anwesend sein. Wer gerne möchte, kann von ihm schöne Einzelaufnahmen anfertigen lassen. Wie immer gibt es nach dem Zwillingstreffen einen Onlinezugang zu den Fotos.

Auch für Kinder ist das Zwillingstreffen 2019 spannend!

Wenn wir die Old Texas-Stadt betreten, fühlen wir uns in das Jahr 1865 zurück versetzt. Wir befinden uns in einer lebendigen Westernstadt, bei der die gesamten Gebäude echt und keine Kulissen sind. Da können wir zum Beispiel auch die Bank of Texas besuchen oder uns nebenan im Gefängnis in zwei nicht sehr komfortablen Zellen mit schweren Eisengittern einsperren lassen.

Im Militärmuseum befinden sich unter anderem originale Gegenstände aus dem amerikanischen Bürgerkrieg (1861-1865), welche Soldaten und Offiziere bei sich hatten. Für unsere jüngeren Teilnehmer bietet sich das Indianerdorf an. In der Hall of

Zum 17. Mal soll das Zwillingstreffen der CATwins, Christian und Andreas in Berlin stattfinden. Wer noch nie auf einem solchen Treffen war, hat echt was verpasst ...

History könnt Ihr alles über das Leben der Cowboys und Indianer erfahren.

Unabhängig vom Glauben können wir die Kirche der Stadt besuchen. In ihr fanden schon echte Taufen und Trauungen statt. Neben der Kirche befindet sich die Druckerei und auch eine Stellmacher- und eine Sattlerwerkstatt können wir besichtigen. In der historischen Apotheke werden Ausstellungsstücke aus der Zeit gezeigt.

Das Prunkstück der Westernstadt ist - natürlich - Marys Saloon. Hier verbringen wir die schönsten Stunden dieses Zwillingstreffens. An den Wänden im Saloon hängen Bilder prominenter Gäste, wie Truck Stop, Western Union, Dave Dudley, Otto Waalkes, Dieter Hallervorden, Edith Hanke, Freddy Quinn, Uwe Seeler, Thomas Gottschalk, Uwe Ochsenknecht, Gunter Gabriel und viele mehr. Das Zwillingstreffen endet mit dem Sonnenuntergang, wenn die Fahne mit dem Salutschuss eingerollt wird und das Licht in der Zwillingswesternstadt erlischt!

Werbung für unser Zwillingstreffen erwünscht!

Um unser Zwillingstreffen verwirklichen zu können, sind wir auf Eure Mithilfe angewiesen. Es müssen mindestens 40 Paare daran teilnehmen, damit wir das Treffen realisieren können. Daher macht bitte kräftig Werbung, damit möglichst viele in die Zwillingsstadt kommen!

Die Teilnahmekosten für das Zwillingstreffen betragen pro Person 15 Euro. Zwillingspaare unter 18 Jahren können 2 Begleitpersonen kostenlos mitnehmen. In den Kosten ist der Eintritt in die Westernstadt und die Saalmiete für den Westernsaloon enthalten. Außerdem wird uns ein unterhaltsames Rahmenprogramm von den Vereinsmitgliedern in ihren historischen Kostümen geboten.

Musik und Tanz dürfen dann natürlich auch nicht fehlen. Wenn ihr wollt könnt ihr dann auch selber das Tanzbein schwingen!

Für das leibliche Wohl ist natürlich auch gesorgt. Da wir nicht wissen, was Ihr gerne essen wollt, haben wir wieder die individuelle Variante gewählt. Auf der Homepage des Vereins könnt Ihr die angebotenen Speisen und Getränke auf deren Speisekarte gerne einsehen.

Der Anmeldeschluss ist der 13. Juli 2019.

Weitere Infos unter:

www.zwillingstreffen.de

Aus dem Leben eines Zwillingsvaters

Siegmar Stücher war einer der ersten Zwillingsväter, die zur Feder griffen und aus ihrem turbulenten Alltag mit Zwillingen berichteten. Sein Buch wird im Handel und bei uns unter www.twins.de angeboten.

ISBN 978-3-927058-34-7, 19,90 Euro, auch im Buchhandel (online & Ladengeschäfte)

Lai da Tuma
Badushütte CAS
49
Oberalppass
49
Tschamut
Cna. da Maighels CAS
Passo Bornengo

Hüttenwanderungen mit Kindern in den Schweizer Bergen

Dianas Familie - vier Jungs, darunter Zwillinge - ist gern in der Natur. Im Winter fahren alle vier Jungs begeistert Ski, in den restichen drei Jahreszeiten gehen sie gerne zum Wandern. Mama Diana macht ein besonderes Event daraus: Hüttenwanderungen mit Kindern.

Gewandert bin ich schon immer gerne, naja, vielleicht als Kind ein bisschen weniger. Doch die Phase, wo ich nicht begriff, warum man irgendwo hoch kraxelt, um dann wieder mühsam runter zu steigen, hielt zum Glück nur kurz an. Auf meinen Reisen waren die Mehrtages-Wanderungen und die Gipfelbesteigungen immer die Höhepunkte und meist wählte ich meine Route entlang der Berge.

Mit Kindern wandern? Ab wieviel Jahren macht das Sinn?

In welchem Alter kann man mit Kindern wandern gehen? Und wie lange? Welche Routen? Diese Fragen kamen auf, als unsere jüngsten Kinder, die Zwillinge David und Moses, mit drei Jahren langsam in das Alter kamen, wo sie weitere Distanzen gut zu Fuß zurücklegten.

Die ersten Tageswanderungen konnten wir nun endlich wagen und es zeigte sich, dass sie ausdauernd und begeistert waren. Natürlich ist es immer hilfreich und motivierend ältere Geschwister zu haben, man will ja genauso gut sein wie diese ... Und die großen Brüder waren schon auf einer Hütte und das wollten die Zwillinge natürlich unbedingt auch erleben.

Es war im Sommer 2016 als ich mit den vier Jungs alleine in Laax war, mein Mann musste wieder zur Arbeit und wir verbrachten die Sommerferien in unserem Berghaus (über unser Freizeithaus schrieb ich schon im letzten ZWILLINGE).

Ich googelte also durch das Hüttenverzeichnis des Schweizerischen Alpenclubs, wo wir Mitglied sind, nach familienfreundlichen Hütten in der Nähe und wurde beim Oberalppass fündig. Eine leichte Wanderung zur Quelle des Rheins, auch für kleine Kinder geeignet, moderate Steigung, keine exponierten Stellen, problemlose Orientierung und unterwegs hat es kleine Flüsse, wo man gut rasten und spielen kann.

Allein mit vier Jungs - etwas Nervenflattern hatte ich schon ...

Ich war schon nervös, als ich mit den vier Jungs im Zug zum Oberalppass saß. Der Rucksack war schwer, Picknick für zwei Tage, Hüttenschlafsäcke, Wasser, Ersatzkleider, Pullover für den Abend, Stirnlampen, Necessaire, Erste Hilfe-

Set. Obwohl reduziert auf das Minimum kommt bei fünf Personen doch einiges zusammen. Würde alles gut gehen? Überfordere ich die Kinder? Mögen sie die Distanz bis zur Hütte laufen?

Es war ein heißer Sommertag und als wir auf 2.044 m.ü.M. aus dem Zug stiegen, genossen wir die angenehm kühle Luft. Die Wanderung zur Maighelshütte war wirklich einfach und verlief problemlos. Die Kinder spornten sich gegenseitig an, freuten sich an den Kühen und hatten einen Heidenspaß, den etlichen Kuhfladen und Pfützen auf dem Weg auszuweichen. Kühe scheinen ihre Kuhfladen bevorzugt mitten auf Wegen abzulegen.

Das Hüttenleben war der absolute Höhepunkt.

Das Hüttenleben war der Höhepunkt. Die Kinder durften bei der Hüttenwartin als Belohnung einen Kristall aussuchen und verbrachten die Zeit bis zum Abendessen mit dem Suchen nach weiteren Kristallen rund um die Hütte.

Das Abendessen wurde verschlungen, alles schmeckte, auch was zu Hause verschmäht würde. Das beste Essen, klang es einstimmig. Der Sternenhimmel hätte mehr als einen Oscar verdient und dick eingekuschelt schliefen alle tief und fest.

Auch die Läntahütte ist ein tolles Wanderziel.

Motiviert durch dieses tolle Erlebnis suchte ich im Herbst 2016 eine weitere Hütte. Die Läntahütte, zu hinterst im Valsertal. Die Beschreibung klang sehr reizvoll, die Hochgebirgslandschaft verlockend und die beschriebene Route machbar. So buchte ich für den Oktober 2016 fünf Schlafplätze und bereitet alles für die Wanderung vor. Sorgfältig verfolgte ich den Wetterbericht und als es dann am Vorabend schneite, war ich doch ziemlich verunsichert, da die Hütte immerhin auf 2.030 m.ü.M. liegt. Das Telefonat mit dem Hüttenwart beruhigte mich allerdings, es lag nur wenig Schnee, die Wege waren frei, keine Winterausrüstung notwendig, Zustieg problemlos möglich, ja, auch mit Kindern. Trotzdem zögerte ich noch und war mir nicht sicher, ob ich dieses Abenteuer mit vier Kindern wagen sollte, die Jüngsten doch erst vier Jahre alt. Die Verantwortung lastet schwer in solchen Augenblicken, wo ist die Grenze? Ich entschied zu gehen, wir waren gut ausgerüstet und ich hatte alle Abklärungen getroffen.

Die Fahrt mit dem Postauto zum Zervreila-Stausee war schon wunderschön. Was für eine bezaubernde Winterlandschaft, wieviel so ein Hauch Schnee doch ausmachen kann. Fasziniert liefen wir über die Staumauer und die Kinder waren tief beeindruckt, dass ein ganzes Dorf im See versunken war.

Die ersten Kilometer kamen wir nur langsam voran, nicht etwa wegen des Schnees, sondern weil die von den Felsmauern hängenden riesigen Eiszapfen emsig gepflückt werden mussten. Ich genoss die kalte Luft und die bizarre Winterlandschaft. Im Gegensatz zu unserer Wanderung im Sommer waren wir diesmal alleine unterwegs ...

Der Weg war einfach, doch zog er sich in die Länge. Da es trotz Sonne ziemlich kalt war, rasteten wir nur kurz und blieben in Bewegung. Auf halbem Weg wurden wir vom Hüttenwart und seinem Gehilfen überholt die auf Lastentieren Material zur Hütte transportierten.

Ich spürte, dass die Kinder müde wurden und hielt sie mit Geschichten bei Laune. Wir kamen an einer Alp vorbei, die allerdings zu dieser Jahreszeit nicht mehr bewirtschaftet wurde. Doch sie bot guten Schutz für eine längere Pause, die allen

Bäche und Sandbänke laden zum Spielen ein ... Kuhfladen liegen auf den Wegen und müssen umgangen werden.

Die Jungs haben auch unterwegs ihren Spaß ... David, Moses, Elia und Davor auf dem Weg zur Term Bel Hütte.

... und nochmal so schnell geht's, wenn die Hütte in Sichtweite kommt. Hier die Term Bel Hütte.

guttat. Nach jeder Biegung hielten wir nun Ausschau nach der Hütte und die Freude, bei mir auch die Erleichterung, war riesig, als sie endlich in Sicht kam. Außer uns hatten noch vier andere Wanderer den Weg zur Hütte gefunden und so verbrachten wir den Abend in kleiner Runde. Die Polenta schmeckte allen sehr und auch der Geschichte vom Läntageist, welche der Hüttenwart den Kindern nach dem Essen erzählte, wurde mit grossen Augen gelauscht. Lange blieben wir nicht am warmen Ofen, wo unsere Kleider zum Trocknen hingen, zu groß war die Müdigkeit. Im unbeheizten Schlafsaal war es eiskalt und die Jungs kuschelten sich tief unter die dicken Decken.

Im Sommer machen die Wanderungen dann doch mehr Spaß.

Im Sommer 2017 unternahmen wir gleich zwei Hüttenwanderungen. Einmal zur Hütte Term Bel, wo besonders der zweite Tag zum Dreibündenstein anspruchsvoll war. Die Hütte selbst war ein echtes Schmuckstück und wir wurden als einzige Gäste herzlichst umsorgt und liebevoll verwöhnt.

Die zweite Hüttenwanderung führte uns zum Segnesboden oberhalb von Flims. Eigentlich von unserem Haus in Laax ein einfacher Tagesausflug. Doch der Segnesboden ist eine überaus faszinierende Schwemmebene. Die Wasserläufe auf der Hochebene wechseln ständig ihren Verlauf, so dass das Flachmoor, dass etwa die Hälfte dieses Schwemmbodens einnimmt, ständig neue Muster bildet. Die Übernachtung auf der Segneshütte hatte zum Ziel, Zeit zu haben diese Schwemmebene gründlich zu erforschen und ausgiebig zu genießen. Und das taten die Jungs auch, in dem sie stundenlang Staudämme bauten. Die kurze Wanderung nach dem Abendessen zum

Wasserfall war ein krönender Abschluss eines abwechslungsreichen Tages.

Im Sommer 2018 wagte ich eine etwas anspruchsvollere Wanderung zur Camona de Medel auf 2.524 m.ü.M. Gestartet sind wir in Curaglia, das auf dem Weg zum Lukmanierpass liegt auf 1.332 m.ü.M. Diesmal war ich froh, dass auch Elia inzwischen kräftig genug zum Tragen war. Denn vor allem das Trinkwasser fällt ins Gewicht lud ich doch 7 Liter in die zwei Rucksäcke. Es war ein überaus heißer und trockener Sommer und ich war erleichtert, als sich eine dünne Wolkendecke vor die Sonne schob. Der Weg zog sich in moderater Steigung durch ein Tal entlang eines Flusses bis wir nach zwei Stunden auf die Alp Sura (1.982 m) kamen.

Unterwegs begegnete wir vielen Murmeltieren, die mit schrillen Schreien ihre Artgenossen vor uns warnten. Die Jungs hatten einen Riesenspaß daran, sich ganz leise und vorsichtig anzuschleichen und schafften es ein paar Mal ziemlich nahe an die putzigen Tiere heran. Überall gab es wilde Heidelbeeren die wunderbar schmeckten.

Am Ende der Alp stieg der Weg steiler an und zum ersten Mal trat die Hütte ins Blickfeld. Die Jungs schauten mich mit großen Augen an: Was? Da hoch müssen wir noch??? Es war ein Aufstieg von 500 Metern bis zur Hütte, den sie aber in vielen kleinen Etappen ganz bewundernswert schafften. Sichtlich stolz kamen wir am späten Nachmittag an und genossen den wohlverdienten Kuchen.

Wir bekamen ein Familienzimmer ganz für uns und Elia strahlte, als er feststellte, dass es hier einmal sogar ein Handynetz gab. Die Aussicht von der auf der Fuorcla da Lavaz thronenden Hütte war gigantisch und als am Abend Steinböcke kamen, wurden wir für den anstrengenden Aufstieg mehr als entschädigt.

Es gibt noch viele wunderschöne Wanderungen und Hütten, die ich mit den Kindern entdecken möchte. Für nächstes Jahr plane ich wieder eine Wanderung im Sommer und im Herbst. Vielleicht von Hütte zu Hütte ...
(Diana R.)

Das Hüttenleben ist der absolute Höhepunkt.

Eine Wanderung im Spätherbst ist „nicht ohne" ... immerhin hat es bereits geschneit und der Schlafsaal auf der Lentahütte war ungeheizt. Hier David, Davor, Moses, Diana und Elia.

Bella Italia - Gianni lädt an die Adria ein

Das Hotel Acquamarina freut sich auch im nächsten Sommer auf Gäste aus Deutschland. Hotelier Gianni spricht sehr gut Deutsch und freut sich immer wieder über Zwillingseltern, die bei ihm Urlaub machen. Wer ein bezahlbares Reiseziel mit Zwillingen sucht, kann hier günstig an der Adria Urlaub machen. Es gibt auch in diesem Jahr schöne Rabatte für Familien mit Kindern.
Mehr Information hier: Hotel Acquamarina, Via Virgilio 106, I-47814 Bellaria - Igea Marina, Telefon 0039-0541-331882,
E-mail: info@hotel-acquamarina.it

www.hotel-acquamarina.it

Folgende Ausgaben unserer neuen Zeitschrift sind jederzeit & immer zu haben unter www.twins.de und auf allen gängigen Internet-Buchbestell-Portalen. Als Buch für 9,90 €, als E-Book für nur 7,99 € (nur bis Ausgabe 17). Von Ausgabe 01 bis inklusive Ausgabe 20 wurde das Magazin unter dem Titel: „Das neue ZWILLINGE Magazin" veröffentlicht. Danach haben wir die Zeitschrift umbenannt, damit sie im Internet besser gefunden wird.

- Das neue ZWILLINGE Magazin - Ausgabe 01: ISBN 978-3-927058-22-4 (print 9,90 €)
- Das neue ZWILLINGE Magazin - Ausgabe 02: ISBN 978-3-927058-25-5 (print 9,90 €)
- Das neue ZWILLINGE Magazin - Ausgabe 05: ISBN 978-3-927058-36-1 (print 9,90 €)
- Das neue ZWILLINGE Magazin - Ausgabe 06: ISBN 978-3-927058-53-8 (print 9,90 €)
- Das neue ZWILLINGE Magazin - Ausgabe 07: ISBN 978-3-927058-60-6 (print 9,90 €)
- Das neue ZWILLINGE Magazin - Ausgabe 08: ISBN 978-3-927058-65-1 (print 9,90 €)
- Das neue ZWILLINGE Magazin - Ausgabe 09: ISBN 978-3-927058-67-5 (print 9,90 €)
- Das neue ZWILLINGE Magazin - Ausgabe 10: ISBN 978-3-927058-73-6 (print 9,90 €)
- Das neue ZWILLINGE Magazin - Ausgabe 11: ISBN 978-3-927058-79-8 (print 9,90 €)
- Das neue ZWILLINGE Magazin - Ausgabe 13: ISBN 978-3-927058-84-2 (print 9,90 €)
- Das neue ZWILLINGE Magazin - Ausgabe 14: ISBN 978-3-927058-90-4 (print 9,90 €)
- Das neue ZWILLINGE Magazin - Ausgabe 15: ISBN 978-3-927058-93-4 (print 9,90 €)
- Das neue ZWILLINGE Magazin - Ausgabe 16: ISBN 978-3-927058-95-8 (print 9,90 €)
- Das neue ZWILLINGE Magazin - Ausgabe 17: ISBN 978-3-927058-97-2 (print 9,90 €)
- Das neue ZWILLINGE Magazin - Nr. 18: ISBN 978-3-927058-99-6 (nur print - 7,99 €)
- Das neue ZWILLINGE Magazin - Nr. 19: ISBN 978-3-927058-39-2 (nur print - 7,99 €)
- Das neue ZWILLINGE Magazin - Nr. 20: ISBN 978-3-927058-43-9 (nur print - 7,99 €)
- ZWILLINGE - DAS MAGAZIN - Nr. 21: ISBN 978-3-927058-46-0 (nur print - 7,99 €)
- ZWILLINGE - DAS MAGAZIN - Nr. 22: ISBN 978-3-743141-65-0 (nur print - 7,99 €)
- ZWILLINGE - DAS MAGAZIN - Nr. 24 ISBN 978-3-7431-6633-2 (print 7,99 €)
- ZWILLINGE - DAS MAGAZIN - Nr. 25 ISBN 978-3-7431-7302-6 (print - 7,99 €)
- ZWILLINGE - DAS MAGAZIN - Nr. 26 ISBN 978-3-7448-1375-4 (print - 7,99 €)
- ZWILLINGE - DAS MAGAZIN - Nr. 27 ISBN 978-3-7448-6986-7 (print - 7,99 €)
- ZWILLINGE - DAS MAGAZIN - Nr. 28 ISBN 978-3-7448-9922-2 (print - 7,99 €)
- ZWILLINGE - DAS MAGAZIN - Nr. 29 ISBN 978-3-7460-1535-4 (print - 7,99 €)
- ZWILLINGE - DAS MAGAZIN - Nr. 30, ISBN 978-3-7460-6536-6 (Print - 7,99 €)
- ZWILLINGE - DAS MAGAZIN - Nr. 31, ISBN 978-3-7460-7517-4 (Print - 7,99 €)
- ZWILLINGE - DAS MAGAZIN - Nr. 32, ISBN 978-3-7528-5015-4 (Print - 7,99 €)
- ZWILLINGE - DAS MAGAZIN - Nr. 33, ISBN 978-3-7528-3996-8 (Print - 7,99 €)
- ZWILLINGE - DAS MAGAZIN - Nr. 34, ISBN 978-3-7448-8516-4 (Print - 7,99 €)
- ZWILLINGE - DAS MAGAZIN - Nr. 35, ISBN 978-3-7481-8206-1 (Print - 7,99 €)
- alle übrigen sind inzwischen ausverkauft

Jedes Magazin (Buch) im Internet oder über www.twins.de
Ausgaben 01 - 17 und ab Ausgabe 24 auch wieder als E-Book auf
Amazon & anderen Portalen für 5,99 €.

Nächste Ausgabe: ZWILLINGE - DAS MAGAZIN -
Ausgabe 37 = März/April 2019 voraussichtlich ab 25. März 2019*)

*) da das Heft bei Books on Demand produziert wird, können wir keinen definitiven Termin für das Erscheinen angeben, da wir auf die Produktionszeiten von BoD keinerlei Einfluss haben.

1-er, 2-er, 3-er Vehikel und mehr
MOBIL mit Kindern
www.zwillingsburg.de
Zwillingswickelauflage
Zwillingswiege
Unsere
Zwillingsausstattung?
Na klar von
www.zwillingsburg.de!
• Der Spezialist für Mehrlingsartikel
• 10 % Zwillingsrabatt auf viele Artikel
• Lieferung auf Abruf: Wir lagern gerne
  Ihre Bestellungen bis zur Geburt
Gerne beraten wir Sie rund um das Thema Mehrlinge!
Annette Wulf · Tel. 08 41 – 15 96 736 · info@zwillingsburg.de · www.zwillingsburg.de

SCHÖNE MODE UND GESCHENKE
FÜR ZWILLINGE,
MÄDCHEN UND JUNGEN!
LiebZwei
DIE EINZIGARTIG SIND
www.liebzwei.de

„Meinemarion" saugt und wischt - endlich Entlastung!

Es gab Zeiten, in denen ich dreimal pro Woche eine Zugehfrau beschäftigen konnte. Damals habe ich noch mehr gearbeitet als heute und hatte „Full House" - Zwillinge und den jüngeren Bruder an Bord. Und ein riesiges Haus zu versorgen ... Heute mache ich alles allein. Dabei hasse ich das Staubsaugen und Wischen! Und damit ist jetzt Schluss.

Vor einigen Jahren haben wir einmal den genialen Babywischmop in ZWILLINGE vorgestellt. Ja, wir durften sogar zwei davon verlosen. Leider hat uns die Zwillingsmutter, die die Verlosung gewonnen hatte, weder ein Foto ihrer Wischmop-bekleideten Zwillinge, noch einen Beitrag über die Wirksamkeit des Putzgerätes geschickt. Schade - wäre bestimmt nicht nur interessant, sondern auch lustig gewesen.

Und es gibt diese Strampelanzüge mit Wischmop-Flusen immer noch zu kaufen ... jetzt könnte natürlich jemand auf die Idee kommen, dass ich flugs so ein Ding angeschafft hätte, damit meine kleine Enkelin, Josephine, mich wenigstens hier beim Putzen unterstützen kann, wenn sie in Bayern zu Besuch ist ...

Aber nein, ich hab was viel genialeres ... hat mir der Weihnachtsmann gebracht: einen Saug- und Wisch-Roboter. Und seit Dezember 2018 (Merke: Weihnachten war bei mir etwas früher ...) fegt das praktische kleine Helferlein hier bei uns durch die Zimmer. Mit erstaunlichem Erfolg. Das hätte ich nicht gedacht. Er kommt in Ecken, in denen mein Staubsauger nie war, ja die ich noch nicht einmal kannte. Dementsprechend war das Staubbehältnis des kleinen wendigen Roboters schon bald voll ... jetzt soll er auch noch einen Wassertank bekommen, so dass mir auch das lästige Wischen erspart bleibt. Also ich bin total begeistert!

Und da bei uns die Roboter Namen haben (unser Rasenmähroboter, der hier schon seit zwei Jahren im Sommer seine Runden dreht, heißt zum Beispiel „Fiffi") sollte der Familienzuwachs auch einen Namen bekommen. Und jetzt heißt der neue Staubsauger-Roboter „Meinemarion", denn eigentlich macht er das, was ich nach Meinung meines Mannes machen müsste - Staubsaugen und Wischen. (Marion von Gratkowski)

Da „meine Josephine" nur selten in Bayern zu Gast ist, haben wir statt des Babymops einen Saugroboter angeschafft und der heißt „Meinemarion".

Foto: www.babymop.de